キネマ／新聞／カフェー

大部屋俳優・斎藤雷太郎と『土曜日』の時代

中村勝＝著
Nakamura Masaru
井上史＝編
Inoue Fumi

図書出版
ヘウレーカ

〝反新聞記者〟中村勝——序にかえて

永澄憲史

本書は、今年（二〇一九年）一月一〇日に七十八歳で亡くなった元京都新聞記者の中村勝が現役時代の一九八四年に朝刊文化面で続けた「枯れぬ雑草　斎藤雷太郎と『土曜日』」と、日本の近現代史の研究者で斎藤雷太郎（一九〇三－九七）、そして文化新聞『土曜日』について長年にわたって調べている井上史による「解題」から成る。一九三六、三七年に京都で発行されていた『土曜日』は敗戦後、研究者らから「日本における反ファシズム文化運動の記念碑的な出版物」などと高い評価を得て、七四年には復刻版も出た。しかし、発行人であった斎藤は、八四年の段階ではまだあまり知られた存在ではなかった。「枯れぬ雑草…」ではそんな無名の市井の人に光を当て、「記事の書き手に」と読者に紙面参加を積極的に呼びかけた『土曜日』というメディアでの斎藤の実践、彼の半生、彼の食い扶持でもあった映画という窓から見えてくる当時の世相——といったことを虫瞰的な視点も交えて克明に綴っていった。二月一日から九月六日まで七カ月あまり、九十九回に及んだ「枯れぬ雑草…」は評判を呼び、まだ連載中の八四年七月に開かれた市民団体主催の「庶民と戦争」と銘打ったシンポでは、斎藤が「『土曜日』と今をつなぐもの」のテーマで話してもいる。

斎藤についての、また『土曜日』についての詳しい説明、なぜ中村が斎藤に関心を持つに至ったか、この文化新聞の廃刊から四十七年、敗戦から四十年近くがたとうとしていた八四年という年に連載された意義、加えて中村の死後に出版が決まったいきさつ――などに関しては、井上の「解題」と、井上ともども本書の上梓に向け奔走した元京都文教大学教授の西川祐子の「あとがき」で触れられるであろうから、新聞社での不肖の後輩だった私は、落ちこぼれ記者の目に映った新聞記者・中村勝を中心にこの先、筆を進めたい。

＊

近代小説の祖と称されるフローベールは諷刺に満ちたその著作『紋切型辞典』で、「ジャーナリストはみんな三文記者」と揶揄したが、中村はアイロニーを込めて〝三文記者〟たらん、と常に意識していたのではなかったか。そのことは、おそらく斎藤に倣い〝ズボラ組〟（この言葉は斎藤という人物を知る上のキーワードだろう。簡単に言ってしまえば、職場などで〝しゃかりき〟とか〝ひたすら〟といった姿勢を敢えて取らず、適当にこなしていく、といった意味合いか）と公言してはばからなかっただけでなく、自らの取材スタンスを、いい加減というニュアンスを意図的ににおわせた〝行き当たりばったり〟と称していたことからもうかがえよう。「枯れぬ雑草…」も〝行き当たりばったり〟で臨んだ、と本人は言う。「きっかけさえつかめば、後は行き当たりばったりというのが私の流儀で、組み立ては走りながら考える。新聞だから通用することかもしれないが、意外と材料はあとからついてくるもので（後略）」とは、後にこの連載を振り返っての彼の証言[1]だ。

入社年次でみると私の十七年先輩だった。文化部で何年か重なる時期があるが、デスクとしてはたまた管理職として、彼から直接、教わったり、指導されたりしたことは残念ながら（？）ない。

〝薫陶〟めいたものを受けたのは専ら酒の席でだった。今から二十年以上前のことで当方の記憶もおぼろになっているが、体験を通していつも説いたのは記者の仕事におけるフィールドワークの重要性であり、「取材に際しては決して高みの位置には立たず、原稿の執筆に際しても決して高みの位置から書かない」という彼の原則だった。中村をよく知る哲学者で評論家の鶴見俊輔は「もともと中村さんのなかに、反新聞記者としての半身がある」(2)と指摘している。鶴見ならではの晦渋な言い回しだが、いい意味で新聞記者らしからぬ記者、という評価、と私は理解している。そういえば、〝ズボラ組〟で〝行き当たりばったり〟たらんとした中村は現役時代、〝不良おじさん〟を装いもした。高みから取材し、高みから躊躇することなく〝正論〟を吐く〝真面目〟で〝まっとうな〟記者を尻目に、「彼らとは違う」と言いたげに。こうしたポーズもおそらく、鶴見のいう〝反新聞記者〟とつながるはずだ。

ここまで書いてきて、昔の思い出が少々よみがえってきた。こんなことがあった。文化部での同僚となってすぐの出来事だった。たまたま中村の机上に目をやったら、そこに類語辞典があった。国語辞典、記者ハンドブックのたぐいを手の届く範囲に置くのは記者として当たり前のことだが（もっとも最近はそうでもなく、手元に辞書が見当たらない記者が多数派とか。電子辞書とかパソコンを使っているのだろうか）、類語辞典というのは珍しい。好奇心からその後も、彼に気づかれないように観察を続け、類語辞典を引く中村の姿に何度か出くわすことになる。〝ズボラ組〟にはこんな一面もあった。むろん言葉のプロとして、的確な表現を見つけるために欠かすことのできない作業だったのだろう。

＊

さて、「枯れぬ雑草…」である。連載時、私は文化部におらず、中村の仕事ぶりを直接、見ているわけではない。また、後日談として取材の際の苦労話とか、読者の反響とかいったことを聞いてもいない。ただ、今になってつらつら振り返ってみるに「あれは「枯れぬ雑草…」の経験もあっての発言だったのでは」と、思い当たる節がある。長期連載の準備を進めている時だった。テンパっている私に「気を楽に」というメッセージも込めていたのであろう、「〔取材が十分でない段階で見切り発車しても〕材料はあとからついてくるから」といった旨のことを二言三言、中村は口にした。

「枯れぬ雑草…」は基本的に斎藤への聞き書きを基にした連載だ。評論家でコミュニケーション論の研究者でもあった江藤文夫は「〝聞きがき〟とは「語り手の世界を外に向かって開く作業」」と定義しているが、中村はその作業を通して斎藤の世界というか、目指したものを自らの内に取り込んでもいったようだ。西川の次のような回想がヒントを与えてくれた。彼女は「枯れぬ雑草…」の連載が終わってすぐ、八四年九月二十九日から京都新聞の朝刊で連載小説「花の妹　岸田俊子伝」(3)（翌八五年四月三十日まで、全二百十回）をスタートさせている。「やってみないか」と声をかけたのも、京都生まれとはいえ当時は地元でも分かっていないことばかりだった民権運動家の岸田（一八六一―一九〇一）を主人公に、と提案したのも、そして原稿のチェック、すなわちデスクを務めたのも、すべて中村だった。「〔「枯れぬ雑草…」の準備段階を含めて〕度重なる斎藤への取材を通して、斎藤が『土曜日』のあるべき姿として頭に描き、実現させようとした「読者が書く新聞を」という熱い思いを汲み取り、またその取り組みに共感もした中村が、「読者が書く」とまではいかなくても、「読者とともにつくる」を念頭に連載を続けていったのが「枯れぬ雑草…」であり、デスクという立場で関わることで、書き手である私との共同作業を通して小説という形において「読者とともにつくる」ことの可能性を探ったのが「花の妹…」だったのでは」。「花の妹…」の執筆時から三十五年がたって、後に知り得たことも踏まえて、西川はこう考える。

「枯れぬ雑草…」を改めて読み返してみた。第二十四回（四月二十四日）は、見出しもずばり「読者の書く新聞」とあり、本文には「（前略）《此の新聞は読者が書く新聞である》とは、一年間我々の主張して来たところであるが、今や我々のその主張は見事な花ざかりを以てむくいられようとしている」という『土曜日』（第四十二号）の編集後記が引用されてもいる（残念ながら斎藤が書いた文章ではないようだが）。加えて、第四十七回（六月五日）から第五十五回（六月十九日）までは、読者から寄せられた手記（資料）に依拠する形で話題が進み、大衆娯楽の頂点に立ちつつあった、一九二〇年代の日本映画のあれこれが事細かに紹介されていく。「読者とともにつくる新聞」という実践の一端が読み取れよう。

「花の妹…」についても、連載時の紙面、そして関連記事の載る紙面をめくってみた。掲載が始まる一年以上も前の八三年六月一日の朝刊文化面には西川が「岸田俊子伝を書く前に」という稿を寄せている。その隣には「俊子の手がかり教えてください」という見出しで、七項目にわたり、読者に岸田俊子に関する情報提供を求める記事が載る。差配したのは中村のはずだ。「読者とともにつくる」という発想の萌芽めいたものは、すでにこの段階で中村の頭の中にあったようだ。さらに「花の妹…」の始まることを知らせる社告（八四年九月二十三日一面掲載）を読んでみていささか驚かされた。そこには「（前略）「読む人と共にナゾを考える人間」として〔書き手の西川は〕自身を位置づけ、新聞といふ舞台を最大限に生かす手法を構想中です。出生からして不明な点も多い岸田俊子の女像が、どのように浮かびあがっていくか、読者の方も作者の分身となってナゾ解きに参加して下さい（後略）」とある。三十年以上、記者稼業を続けてきたが、こんな破天荒な社告は見たことがない。むろん、ものしたのは中村だろう。「読者とともにつくる新聞〔ここでは新聞小説〕を」という彼の強い意志が伝わってくる。

　西川の回想に触発され、過去の紙面を調べ直すことで、これまで私が知らなかった新聞記者・中村勝の一面が垣間見えてきた。前段で彼と親しく交わった鶴見俊輔の寸評「もともと中村さんのなかに、反新聞記者としての半身がある」を紹介した。その解釈で私は「いい意味で新聞記者らしからぬ記者、という評価」と書いた。が、ここに至って、鶴見が言いたかったのはそれだけではなかったのでは、という気がしてならない。それは、「記事を書く側（記者）→読む側（読者）」という一方的なコミュニケーション（新聞・テレビなどいわゆるマスメディアの一般的なありようだ）の問題点というか、限界を現場の記者として十分認識した上で、読者とともに構築していく相互コミュニケーションという関係性に可能性を見いだそうとしていた中村に対する鶴見の評価でもあった、と。そういえば、鶴見は「枯れぬ雑草…」の熱心な読者だった。

*

「枯れぬ雑草…」に話を戻そう[4]。一九八四年という連載時に情報を提供してくれた人たちは、大恐慌とともに幕を開けた三〇年代という〝辛い時代〟を生き、大日本帝国がたどる悲惨な結末も目の当たりにした。当然のことながら二〇一九年の今、彼らも斎藤も、そして中村までもがすでにこの世にいない。

人は去る。それ故か、「過去は忘れられ、歴史は繰り返す」と言われる。斎藤が映画界に入る、また京都に居を移す最初のきっかけともなる関東大震災が起こった一九二三年から、『土曜日』が公権力の圧力により廃刊を余儀なくされる三七年前後までの日本社会を熟視すると、治安維持法成立（二五年）、国際連盟脱退（三三年）、岡田啓介内閣による二次にわたる国体明徴声明（三五年）、国家総動員法成立（三八年）——といった市民に不自由を強い、戦争につながっていく出来事に嫌でも目が留まる。そして、この十四年ほどと相似形のような時代の流れが、二〇一一年三月の東日本大震災以降の日本で続いていることに気づく。特定秘密保護法の成立（一三年）、集団的自衛権の行使を容認する閣議決定（一四年）、自衛隊の海外での武力行使を可能にする安全保障関連法（いわゆる戦争法）の成立（一五年）、「共謀罪」法の成立（一七年）、安倍晋三内閣が先頭に立ってのバッシングにも似た韓国叩き（一九年）——といった具合に。五・一五事件（一九三二年）、二・二六事件（三六年）といったクーデター事件、満州事変（三一年に始まる）、日中全面戦争（三七年に始まる）といった戦争こそ、後者では起こっていないものの……。そういえば、二〇一二年十二月に二度目の総理の座に着いた安倍首相の演説には、国体明徴声明で政府が宣言した〝国体〟を想起させる〝国柄〟という言葉が頻繁に登場する。当然のことながら、〝国体〟は〝万世一系の天皇〟が統治する大日本帝国のありようを絶対視する意味合いで一九三〇年代に盛んに使われた。

翻って本書は、三十五年前の新聞連載を、筆者が亡くなってから、筆者と関わりのあった井上、西川、そして私の三人が〝勝手連〟よろしく集まり、「ぜひ、本に」と出版社に売り込み、刊行に至る、というういささか妙な出自の代物である。が、先に記したような歴史を振り返り、そこに思いを致せば、〝「戦後」後〟（〝新たな戦前〟と呼ぶ人も）といわれる今こそ、読んでほしい一冊、と私たちは考える。しかも、基礎資料となるはずの復刻版『土曜日』は版元にも在庫がない、という。もっとも〝ズボラ組〟の中村のこと、三人の行動を知ったら、「しゃかりきになって、要らんことをしよって」と泉下で憎まれ口をたたくかもしれないが……。

（元京都新聞記者）

注

（1）鵜飼正樹・高石浩一・西川祐子編『京都フィールドワークのススメ――あるく・みる・きく・よむ』（昭和堂、二〇〇三年）収録の中村「『土曜日』と喫茶店ネットワーク」から。

（2）中村勝（文）・甲斐扶佐義（写真）『ほんやら洞と歩く――京都いきあたりばったり』（淡交社、二〇〇〇年）の鶴見の前書き「この本に寄せて」から。

（3）「花の妹　岸田俊子伝」は加筆され、一九八六年に新潮社から出版。さらに二〇一九年九月には岩波現代文庫版『花の妹　岸田俊子伝――女性民権運動の先駆者』が上梓された。

（4）一九二九年十月のニューヨーク株式市場の大暴落が契機となり、翌三〇年には日本に波及。厳しい不況は三二年ごろまで続く。

目次

凡例

1　本書は、一九八四年二月一日から九月六日まで『京都新聞』に連載された京都新聞記者・中村勝の「枯れぬ雑草　斎藤雷太郎と『土曜日』」全九十九回の記事を掲載順にまとめたものである。

2　書籍化に際しては、連載時の見出しはそのままとし、「5　トーキーの幕あけ」のように連載回を数字で示した。また、章を立て、写真は新たに選び直した。

3　連載中の〈　〉、＊は中村による注と追記、〔　〕は編者による注である。

4　明らかに間違いと思われる固有名詞等は編者の判断で訂正した。

5　連載に登場する人物の肩書・年齢等は連載当時のものである。

第1章　週刊新聞が京に

1　反ファシズム運動の記念碑　週刊新聞が京に

昭和十一年、八千部も

昭和十一年（一九三六）夏から翌年秋までの一年四カ月間、京都で『土曜日』という週刊新聞が刊行された。

タブロイド六ページ、今でいえばミニコミに属する小さな新聞だったが、最盛期には八千部まで伸び、あまりの評判のよさに京都の主力紙『日之出新聞』（『京都日出新聞』が正式名称。戦時統合により、一九四二年に『京都日日新聞』と合併し、『京都新聞』に）が、吸収合併しようと持ちかけた、という話が伝わっている。

第一ページには横書きで大きく「土曜日」の題字、その下に「憩ひと想ひの午後」と刷り込まれ、中央に伊谷賢蔵氏の絵を配した。紙面構成は一面下段に「巻頭言」、二面「文化」、三面「婦人」、四面「社会」、五面「映画」、六面「趣味娯楽」。当時、やはり京都で発行されていた反ファシズム文化運動の理論雑誌『世界文化』に拠る知識人たちが書き手に名を連ねていたが、『世界文化』が硬い論文を中心にしていたのに対して『土曜日』はあくまで生活のなかで考えようとする思考を貫き、「わかりやすさ」をモットーとした。

販売の方法も画期的だった。ちょうど京都の町にも相次いで開店していく喫茶店に目をつけ、『土曜日』を店に置いてもらうことに成功、これが学生らに受けた。発行日を待って、『土曜日』を読みにくる客もいて、喫茶店でもサービス用に一括購入するところも出てくる。喫茶店の店頭に「本日

『土曜日』出来」と張り紙するようにもなったほど。

新鮮な文化の香りが

昭和九年三高〔旧制高校の一つで京都に所在。「自由の学風」が特色とされた。敗戦後（一九四九年）、新制京都大に統合〕入学、十二年に京大へ入学した河野健二さん（京都大学名誉教授）も、『土曜日』ファンの一人だった。いまも四条小橋の近くにある喫茶店「フランソア」で見かけたのがきっかけ。「ハイカラで、しゃれた新聞だと思った」といい、当時の思い出を次のように語る。

ノンポリの学生でしかなかった私は、紙面の内容を理解したとは言えないが、伊谷賢蔵氏の美しい表紙絵や、中井正一氏の「花は鉄路の盛り土の上にも咲く」「虚しいという感じだけに立止るまい」、能勢克男氏の「人間を見くびること、それが一番軽蔑に値する」といった表題を掲げた巻頭言のなかに、何かしら新鮮な文化の香りを感じとったものである。

昭和十一年というと一月、ロンドン軍縮会議から脱退。二・二六事件〔一九三六年二月二十六日、陸軍青年将校らが起こしたクーデター事件。翌日戒厳令が敷かれ、鎮圧。事件後、軍部の発言力は著しく強まる〕。四月、国号を大日本帝国に統一。十一月、日独防共協定。「準戦時体制」という言葉が流行語になった。そして、翌十二年七月七日盧溝橋事件〔一九三七年七月七日、北京郊外の盧溝橋で日中両軍が衝突。四五年八月十五日の敗戦まで続く全面戦争に至る〕勃発、その後八年間に及ぶ日中戦争に突入したのである。
河野さんは「当時、自由がどんどん狭められた時期で、三高の中でもリベラルな空気はなかった。私自身、目の前で進行している現実と、リベラリズムの考えに何となく違和感をもっていた」と語り、それだけに『土曜日』は貴重だったわけで、もっと強め、広める必要があった、とふりかえる。

戦争で廃刊余儀なく

『土曜日』は、民衆への志向をもち、人間への信頼を語りつづけたが、決して強い主張をもった新聞ではなかった。しかし、戦争はそんな小さな自由と善意も見逃さず廃刊に追いこんだのである。

昭和十二年十一月八日の早朝、四、五人の特高が来て私を下鴨署に連行した。来るものが来たという感じであった。折角ここまで育て上げた『土曜日』もこれで終わりだとも感じた。〔中略〕朝の洗面の折、『学生評論』の草野〔昌彦〕氏もやられて来ているのを知った。いずれ能勢〔克男〕さん、中井〔正一〕さん達もやられたであろうことは、想像される。被害の少ないことを願っているが、どの程度まで警察の手がのびたのであるか。気になることであった。

これは、斎藤雷太郎さんの回想であるが、実はこの斎藤さんこそ、『土曜日』の仕掛人であり、編集・発行名義人として経営の一切を引き受けた人物である。松竹下加茂撮影所の大部屋俳優をしながら『京都スタヂオ通信』を出していた斎藤さんは、撮影所の下積み生活から抜け出したい一心で、一

創刊號　（京都スタヂオ通信改題）　　　昭和十一年七月四日

生活に對する勇氣
精神の明晰　隔てなき友愛

土曜日

憩ひと想ひの午后

編輯・林　要・能勢克男　　　　3セン

花は鐵路の盛り土の上にも咲く

しよく波頭と高い日の下に、一杯の自分の力をとじた冒険者達の様に、かつて人々は生きた事があつた。今は冷いペトンの地下室で、單調なエンジンの音を聴きながら、獣々と與へられた部署に、終日を暮す生活が人々の生活と成つて來た。

營みが巨大な機構の中に組入れられて、それが何だか人間から離れて來た様である。明日への望みは失はれ、本當の智慧が傷けられ、まじめな夢が消えてしまつた。しかし人々はそれで好いとは誰も思つてゐないのである。何かゞ欠けてゐることは知つてゐる。

しかし、何が欠けてゐるかはさだかには判つてゐないのである。人々が縛められた營みから解放された時間、我々が顧ふ瞬間、何を望み、何を知り、何を夢みて好いかさへもが忘れられんとしてゐるのである。それは自分に一等親しい自分の面影が想出せない淋しさである。

美しいせゝらぎ、可愛いゝ花、小さなめだかが走つてゐる小川の上を縦ふて、灰色の鐵道の線路が一直線に横切つたとき、ラスキンは凡ての人間の過去の親しいものが斜めに斷切られてしまつたかの様に戰慄したのであるしかし、チエソンはそのとき、藝術は自然の如く、その花をもつて、鐵道の盛土を覆ひ得ると答へたのである。

この鐵路の上に咲く花は、千均の力を必要としたのではない。日々の短期な必要を守つたのである。我々の生きて此處に今居ることをしつかり手離さないこと、その批判を放棄しないことに於て、始めて、凡ての灰色の路線を、花をもつて埋めることが出來るのである。

「土曜日」は人々が自分達の中に何が失はれてゐるかを想出す午後であり、まじめな夢が瞼に描かれ、本當の智慧がお互に話合はれ、明日のスケジュールが計劃される夕である。はゞかるところなき涙が濯ぐまれ、隔てなき微笑みが交はされる夜である。

土曜日

目　次

定價一部三錢　送料二錢
毎月二回發行
（第一・第三土曜日）
編輯印刷發行人　齋藤雷太郎
京都市四条大宮(?)
發行所　土曜日社

『土曜日』創刊号

般の記事も書く文化新聞的なものに広げたいと、かねがね考えていた。だから、斎藤さんにとって『土曜日』は、生活の基盤になるものでなければならず事実、経営は「常に黒字だった」（斎藤氏）のである。

庶民だったから成功

『世界文化』のメンバーの一人で『土曜日』の愛読者だった和田洋一さん（同志社大学名誉教授）は「あの当時、反ファシズムの文化運動をして、お金をもうけたというのは、これは全く奇跡です。その秘密は斎藤さんがインテリでなくて、庶民だったからですね」という。この奇跡を裏返しにみると、当時の左翼運動にかかわったインテリの多くは、はじめから持続への関心は希薄で、むしろ捕まったときには殉教的な気持ちになってホッとしたようなところがあった……。斎藤さんは捕まったとき、続刊するために十分の資金を、なお残しており戦中、戦後も再刊の機をうかがっている。

斎藤さんは『土曜日』の刊行について、「自分の能力にあったやりかたで、自分の善意を生かそうと思った」と語っているが、この自然流のなかに時代を越えて生きぬく抵抗と、持続の方法論があるのではなかろうか。

『土曜日』は戦後、一九三〇年代の反ファシズム運動が生み出した記念碑的作品として評価され、〔本連載の〕十年前には復刻版（三一書房刊）も出ているが、その中心に、小学校中退の学歴しかもたない斎藤さんのような人物がいたことの意味は大きかった。『土曜日』の大衆性、市民の姿勢は、斎藤さんの生きてきた姿勢に重なり合って表現された、ともいえるからだ。

＊「枯れぬ雑草」のタイトルは、斎藤さんが『「土曜日」以後』と題して発表した手記（一九八二年十月『意想』創刊号、京都市北区小山西元町、山下修三氏発行）に付けられたサブタイトルを、そのまま使わせていただきました〔なお、十八頁の斎藤雷太郎の回想は同手記からの引用〕。

2　わが〝出世〟のあと

若い時の私の願いは、アナがあいていないクツ下を、ふだんでもはくような身分になること、トンカツとライスカレーが、喰べたい時に何時でも喰べられるようになって、中央公論と改造、日本評論と文芸春秋が、新本で毎月買えるような、ゆとりのある生活が出来るようになることであった。おとなになって、どうにかやっと、自分の願いがかなえるような身に出世？した。だがアナのあいたクツ下はつくろってはいているし、トンカツとライスカレー代くらいの金は、何時でも持っている身になったが、トンカツもライスカレーも、喰べたいと思わなくなった。中央公論等の本も、毎月新しいのを買った時代もあったが、何時の間にか夜店の古本に戻ってしまった。

出世したら、母親の好物である支那ソバを、たんと喰べさせてあげるつもりでいたが、その母親も私の出世前に死んでしまった。父も姉も弟も、親戚も皆んな死んでしまって、私の出世を喜んでくれる人間は一人も、居なくなってしまった。〔中略〕何が出世かと家内も、子供たちも私の出世をみとめようとしない。

これは斎藤雷太郎さんが一昨年〔一九八二年〕十一月、京都民主運動史を語る会の機関紙「燎原」〔第三一号〕に寄せた文章である。タイトルは「出世」。斎藤さんは戦後、京都・今出川通千本西入ルで古物商を開店、昭和二十年九月のことである。

街中の商家はまだ戸を閉め切って、初めて経験する敗戦の成り行きをおずおずと見まもっているというふうだった。表の戸を一、二枚開けて、手もとにあった本やガラクタを並べたのが商売の第一歩。物資のない時代だったから、それらがボチボチ売れていくのと同時に、不用品を売る人が来るようになった。いらい三十八年、その間に離れも増築したし、晩酌もできる身分にもなった。店つづきの四畳半の居間でテレビを友にしながら店番をする、ことし八十歳の斎藤さんは、そういって我が「出世」のあとをふりかえる。

『復刻版　土曜日』をみる斎藤雷太郎さん（写真はすべて斎藤嘉夫氏提供）

明治三十六年（一九〇三）生まれの斎藤さんの記憶にそって、その道筋をたどると、

生まれは横浜。数え年九歳のとき父母離婚、母は弟を連れて去った。小学校を二回変わり、四年で中退、このときは横須賀にいた。十三歳で東京へ出て浅草の文房具店に奉公。その後タンス製造店にうつり、縁あって新派俳優、木村操の門下に、同じく伊井蓉峰の門下となる。関東大震災に遭い、地方の小芝居で働いた後、東亜キネマ入社。それから五月信子、高橋義信の近代座→東亜キネマ→小

沢プロダクション↓近代座↓阪妻プロ↓松竹下加茂撮影所と歩く。

松竹下加茂の大部屋俳優時代、撮影所の体質改善に情熱を燃やして昭和十年八月、『京都スタヂオ通信』を発行する。これが『土曜日』の母体となった。

3　ウデに自信あった……

斎藤さんは「役者」として自信があった。

映画界に入るまでの舞台の経験が、その自信を支える。この時代のことはいずれ書くつもりだが、しばらく斎藤さんの話をきいてみよう。

私は、自分でいうのもおかしいけど、役者としてうまかったんですよ。舞台で五月信子、といってもアンタら知らんでしょうね。いまでいうと山田五十鈴、よりももっとえらかった。その座で働いて、そこそこの役をやってきたわけですよ。

映画の役者ちゅうたって、そのころ、素人が多い。本格的な修業してないから、私なんかと比べたら勉強の仕方がだいぶ、ちがうんですよ。心の置きどころもちがうしね。事実、やらせりゃあダレにも負けないぐらいのウデはもってたんです。

貧乏の底辺の生活から、なんとか抜け出したい。そういう精神が一生懸命させたわけですわ。自分の役者としてのウデをみがくことによって、いくらかえらくなれるんだと。それより他に道がないんだから。

阪妻のところでは五十円のサラリー、もらってたんですよ。これはちょっとした額で、一番はじめ素人が入ってくると十五円ぐらい、三年か四年で二十五円くらいになる。それから五円あがるのに、また二、三年かかる……。五十円とれば、そこそこの役者です。二十六、七歳でしたかなあ、そのとき。こっちは、いい舞台に立っていますからねえ、いい劇場でやってますから、できたんですよ。そのころ、大部屋の俳優で三十五円もとっている役者、少なかった。市役所の初任給が二十五円……、デパートの女店員の日給が六十銭から、せいぜい八十銭。そういう時代ですから。ところが、そのことが反感をもたれる原因にもなった。阪東妻三郎はその後、千葉に行くわけですが、私は阪妻《ばんつま》組を離れて松竹下加茂に入った。半年か一年して人員整理が行われて、気がついたら私も対象にされているんですよ。こちらもぬかったというか、工作も何もしなかった。エライ人の二、三人は知ってたんやから、ちょっとさぐりを入れるぐらいのこと、しとけばよかったんやけどねえ。

下加茂に移って、スター別に組まれる俳優の名前が発表されたとき、斎藤さんは上位六、七番にあり、後にまだ二十人ちかくが連らなっていた。それで安心していたというわけだ。

「ウデで来い、オレはウデに自信があるっちゅうようなことを頭においていてねえ。それが古い連中に反感をもたれて、憎まれちゃったわけです」

斎藤さんはこのとき、結果として「月給を十円下げられて」下加茂に残ることになる。

「落ちついた生活をしたかったしね。働く場所といっても、そうあるわけじゃない。頼りないヤツが他にいるのに、なぜ私のような有能な人間をクビにするのか。オレに何かやらせてみろ、と理屈をこねたんですよ」

温和な役者の顔が、いたずらっ子が照れたようにくしゃくしゃになった。

4　阪妻プロから松竹へ

斎藤さんの話と、京都の映画史を重ねあわせると、斎藤さんが松竹（下加茂撮影所）に移ったのは昭和五年の夏ではないかと思われる。

松竹と提携しながら、太秦《うずまさ》の撮影所で独立製作を標榜していた阪東妻三郎は、「からす組、後篇」を最後に、この年六月松竹を離れた（松竹八十年史）。松竹時代劇に新局面をひらき、隆盛をささえた阪妻映画も、このころから目立って低調となり、松竹にとって採算的にメリットもなくなってきた（田中純一郎『日本映画発達史』）こともあって、両者間に亀裂が生じたのである。

このとき、阪妻プロのメンバーは、独立製作を宣言する阪東妻三郎に従うものと、京都に残るものに分かれ、斎藤さんは転々の生活をきらって下加茂に入所する人たちと行動をともにした。最初の、阪妻と松竹の提携（大正十五年）に際して橋わたしの使者となり、「からす組」「砂絵呪縛」「開化異相」など多くの阪妻主演映画を撮った犬塚稔監督（後にシナリオライター・滋賀県在住）も、そのとき阪妻と分かれ、下加茂に残ったが「何人かの阪妻プロの人たちが一緒だった」という。

当時の映画史に目を通していると、斎藤さんにとって年表の軸となる、いくつかの出来事が浮かんできた。

▽昭和四年十二月六日、来日中のダグラス・フェアバンクス夫妻入洛。――ああ、このときは太秦の阪妻プロのスタジオで、みんな並んでダグラスの車を迎えましたよ。阪妻が、お土産に日本刀をやってね、ダグラスが手を切るマネをしたりして、いかにも明るく、愛嬌のある、アメリカ人だなあ、と思いました。

▽昭和六年四月、新京極キネマクラブで「モロッコ」上映――これを見たのは、下加茂にいたときですねえ。

▽同四月、日出会館で衣笠貞之助監督のヨーロッパ帰国第一作「黎明以前」試写会。――これは松竹下加茂で撮った。私も出てるんですよ。もちろんワンサで出たんだから、どこにいるかもわからないですけど。

と、いうわけで斎藤さんの下加茂入所の時期が推定できる。

当時の日本映画界は昭和六年八月、日本最初の本格トーキー〔画面の動きに合わせてセリフ・音楽などが聞こえる映画。それまではサイレント（無声映画）〕「マダムと女房」（松竹蒲田）が封切られ、この成功に勢いを得た松竹は翌七年四月、下加茂にトーキースタヂオを完成した。

一方、昭和五年十月には、京都で最初の反トーキー争議が常盤館で起こり、各館に広がった。無声時代の花形、弁士や楽隊の解雇が現実のものになっていったのである。「モロッコ」は初めて日本語の字幕が使われた映画で以後、欧米のトーキー映画の名作が相ついで輸入公開され、打ち寄せる時代の波に日本の映画各社もトーキー体制への対応を迫られてきた。

が、松竹の着実な歩みはむしろ例外で、映画各社は不況による観客人数の減少と配給収入の悪化で苦況に立っていた。マキノプロダクションが昭和六年解散、七年には新興キネマ京都撮影所の争議が起こる。

5　トーキーの幕あけ

松竹下加茂撮影所が十五万円を投じて、東洋一といわれるトーキースタヂオを完成したころ、太秦蜂ケ岡の新興キネマでは、従業員の待遇改善要求に対して、会社側が三十二人の首切りを発表、三カ月におよぶ大争議へと突入していった。昭和七年四月のこと。

以下、太田垣実記者による『京都の映画80年の歩み』（京都新聞社刊）にそって記述する。

会社側の首切り発表に対して、従業員側はただちに撮影所前の空き家に争議本部をおいて籠城、ストライキに入った。争議は共産党系の日本労働組合全国協議会（全協）の指導を受けていた。争議団は、太秦はじまって以来というデモ行進を繰り広げた。外部からの支援も寄せられ、連帯の輪が広がった争議は、背後に全協の動きを察知した官憲の弾圧が激しくなる中で指導者を失い、敗北へと追い込まれた。

新興キネマ争議が幕をおろしてほどなく、日活太秦撮影所で二百人の首切りなどを含む合理化案が出され、映画史上空前絶後といわれた争議に発展する。日活の大スター、大河内伝次郎は『中央公論』（昭和七年十月号）に〝日活騒動私感〟のエッセーを発表し「尊き犠牲者よ犠牲になって呉れ、己も必ず犠牲になりますぞ！」とつづった。大スター、監督をも巻き込んだ混乱は、馘首《かくしゅ》を従業員側が代行するという形で解決を迎えるが、人員整理のリストをめぐって村田実、内田吐夢、田坂具隆、伊藤大輔ら、気鋭の監督が退社するハプニングもあった。

この二つの大争議は、結果的にはトーキー前夜の嵐であり、無声映画への鎮魂歌でもあった。京都の映画界は、二つの争議を経てトーキー時代へと急速に向かう。

昭和七年末には、松竹が下加茂のトーキースタヂオを使って、大作「忠臣蔵」を発表。日活も翌八年にアメリカ最大のトーキーシステムを誇っていたウエスタン・エレクトリック社と提携。同じころ太秦・蚕社《かいこのやしろ》に、アメリカの録音システムであるジェンキンスを採用したJ・Oスタヂオが完成する。

こうして、昭和八年には京都の映画界もほぼトーキーの装いを整えるが、目を外に向けると一月、河上肇博士検挙〔河上は経済学者で京都大学教授だったが、二八年、「左傾教授」として辞任に追い込まれる。三二年、共産党に入党し、翌年、治安維持法違反の疑いで検挙〕、二月、小林多喜二虐殺〔小林は『蟹工船』などで知られるプロレタリア作家。治安維持法違反の疑いで検挙され、官憲の拷問により虐殺〕、国際連盟脱退、五月には京大で滝川事件〔法学部の滝川幸辰《ゆきとき》教授の著書などが赤化思想であるとして、強制罷免された事件。教官・学生が抵抗運動を展開したが、弾圧され、大学の自治、学問の自由は大きく後退〕が起きている。

これらの事件は、しかし、松竹下加茂の大部屋俳優である斎藤雷太郎さんにとって、何らかかわるところではなかった。「滝川事件の起こる前に、Kという人物が入社してきて、彼は新興キネマで組織運動をしていたとかで、いわゆる全協ヅラした、役者タイプとはほど遠い型の男でした」。斎藤さんはその後、このKという人物と行動をともにするようになるのだが、京都の映画界をゆるがした大争議は、斎藤さんの前をほとんど素通りしてしまっている。

斎藤さんはそのころ、下積みの不遇をズボラ組という形で晴らしていた。すでに俳優としての野心は捨てた斎藤さんの、捨てざるを得なかった環境に対する抵抗の表現でもあった。

6　ズボラ組の有力者

ズボラ組について、斎藤さんは「古参兵的な自信と持たざる者の強さだった」と、ふり返る。自分の値打ちの半分ぐらいの給料しかもらっていない、と思っている斎藤さんは半月か二十日働くと、それ以上は腹が痛いとか、風邪をひいたといって休む。みんながセットで働いているとき楽屋で寝ころんでいたり、ロケにいっても草むらの陰に寝ていて、弁当の時分になるとノソノソ出ていったり。「そういうことが通ったんですねえ。そのかわり何べんもクビになりかけましたがねえ」

斎藤さんによると、当時の下加茂撮影所にはプロレタリア芸術運動の影響を受けた者がいた。その風潮は所内全体に流れていて、労働強化などには相当反発する者が出た。ことに大部屋俳優と呼ばれる連中の古手は、ズボラ組という形で、何かにつけてはばをきかせていた。斎藤さんもその一人だったというわけだ。

「全協ヅラ」したKという人物も、まもなくズボラ組の有力なメンバーの一人になった。Kは借家組合に関係していて、撮影所の仕事よりそちらの方で走り回っていた。いつの間にか、斎藤さんもKの仕事を手伝うようになり、彼と行動をともにするようになる。全協のアジビラや、赤旗が斎藤さんのところにも流れてくるようになった。そして、Kらのキャップ S や女性の同志とも知りあった。

大丸や髙島屋のメンバーがやられたとかいう話を聞いたのもそのころのことだ。追われて、おびえきって連絡にくる者を見たりもした。

こうして、目の前に現れた前衛運動家たちを、斎藤さんはその誠実さと自己犠牲の精神において、心から頭の下がる思いでながめていた。「あの人たちに済まない、なんとかしなくては」と考えているうちに、Sや他のメンバーもやられた。Kが現れて「組織がやられ人手不足になったので、自分も地下にもぐって党の仕事をすることになった。君にはもう会えない」と告げ、斎藤さんの前から姿を消した。その後の見聞や、当時の状況を考え合わせて、Kはスパイだった、と斎藤さんはいまでは思っているが、一人取り残された当時は、何もできないでボヤボヤしている自分の「無力」を恥ずかしく思った。

斎藤さんが、Kの仕事を手伝うようになったのは「多少は進歩的な考えをもっていた」からであり、報いられないスタジオマンの仕事を通して、世の中はまちがっている、という思いにかられていたからである。が、後に「自分の能力にあったやり方」で、読者が書く新聞の発行をめざした斎藤さんの方法は、そのまま「前衛」に突っ走ることではなかった。彼らに共鳴しながら、斎藤さんは自分の分限《ぶげん》を、彼らと同じように行動することではないと考えた。Sは斎藤さんのことを「慎重居士《こじ》」といったそうだが、それは生活の場からモノを考える庶民の生き方にほかならない。

7　昼食は京大の食堂

松竹下加茂で、斎藤さんの月給は四十円だった。この額は入社していらい、昭和十二年十一月の

『土曜日』弾圧によって検挙され、退職に至るまで変わらなかった。

当時の斎藤さんの生計は次のようなものである。

家賃が八円。左京区元田中の市場ちかく、二階の間借りだった。

食事はロケのときは弁当、撮影があるときは食券が出るときがあったので、「これで月十回ぐらい助かった」。あとは大体、一回十五銭ていどの食事をとるのだが、もっともよく利用したのが、京大の食堂である。

下宿の近くであり、撮影のないときは昼ぐらいまで寝て、京大の食堂へ行く。サバの煮たのだとかをとって、ごはんと漬物は食べ放題だった。これで十五銭。食いだめをした、という。

「百万遍の支那料理屋にも行った」。ヤキメシ、ヤキソバが二十銭、ライスカレー十五銭ぐらいだった、という。撮影所の食堂も一回十五銭から二十銭。やはり、一番値打ちのあったのは京大の食堂だった。

「一日に二回が普通で、三回食べる日は少なかった。だから、一カ月の食費が十二円から十五円、すると、残りが十数円ですか。それが、コーヒー代とかの小遣いですね」

当時の物価を、東京中心ではあるが『値段の風俗史』（朝日新聞社刊）〔正確には『値段の明治大正昭和風俗史』。「週刊朝日」連載後、一九八一年に書籍化〕でみると、アンパン五銭（昭和十三年）、コーヒー十銭―十五銭（同一―十五年）、カレーライス十五―二十銭（十一年）、ラーメン十銭（五年）……、昭和六年に帝国劇場が洋画封切館になって、入場料が最高四円八十銭、最低四十銭となっている。

斎藤さんはあまり酒を飲まなかったが、百万遍あたりのおでん屋でコンニャクかジャガイモを食べて一合も飲めば、それで十分。おでん一個が二―三銭、酒一合十銭から十二銭だったという。京極に「スタンド」という食堂があった。なんでも十銭でコップ酒、ラーメン、ライスカレーなど、なんでもあった。「スター食堂」のランチが三十銭だった。映画は撮影所に勤めている恩典で、松竹座はタダ。電車代が惜しくて、歩いて町へ出かけるのが常だった。

あるとき、下加茂撮影所の大部屋俳優の楽屋で、自炊生活が始まり、広がった。はんごうや鍋を持ち出して米をとぐ者、しゃけやめざしを焼く者、楽屋中がそのにおいと煙でいっぱいになる。はんごうにじゃこやしょう油をぶっかけて食べる者、食卓に小鉢やふたものを小器用にかざる者……。日本のハリウッドといわれた京都の撮影所に現出した、この「ご難にあったドサまわりの一座の楽屋風景と変わらない」さまを、斎藤さんは『京都スタヂオ通信』に活写している。

その文章を斎藤さんは、いまも空で暗じている。つづきを次回で紹介する。

8 撮影所に自炊の煙

「夢の撮影所に上る自炊の煙」と題した斎藤さんの文章の後半は次のようだ。

所員食堂はあるのだが、近頃の物価高は食堂にも強くひびいて、盛りも悪くなり、値も高くなる。さいふの軽い人々のくらしの工夫で、何時の間にか自炊生活が始まり広がったのである。

自炊は、相当役に立って居るわりに安いサラリーでおさえている会社に対する、下積の人々の無言の抗議でもある。

撮影所に働く多くの人々は、映画を心から愛し、映画づくりに参加する喜びを持って居るので、長時間の、時には苛酷な作業にもたえて来たのだが、その善意を持った人々の上にのしかかる、映画資本の利潤追求の動きは、冷く厳しい。撮影所の楽屋から上る自炊の煙りは、華やかな夢の工場の裏側が生んだ、現実の一コマである。

いま一つ「食券」というのがある。やはり『京都スタヂオ通信』に斎藤さん自身が筆をとったものである。

某月某日、午前七時集合、ロケ。ロケ終って午後六時からセット、そのまま明けがた近くまで強行撮影、翌朝またロケ。こんな日がいく日か続いても、何んの手当も出ないのがあたりまえであった撮影所。その撮影所の中で、最も役に立って居るがその割にサラリーの安いのが、「からみ」と言われる、立ち廻りでスターを引立てて居る、切られ役をする人々である。

下加茂撮影所の腕利きである「からみ」の人々が結束して、秘かにストライキを企てたことがあった。芸熱心で人の良いこの人々が本当に腹を立てたのである。これを知った会社はあわてた。険悪な空気は表面に出なかったが、それから間もなく、全所員に、午後七時過ぎると二十銭、十二時過ぎると二十銭、徹夜をすると三十銭の食券が出るようになった。〔中略〕たった二十銭の食券であるが、安いサラリーで働かされている人々には貴重な食券であった。

マキノ時代からのベテラン監督である井上金太郎は、思いやりのある人使いをするので、俳優や裏方から受けは良かった。〔中略〕したがって井上組では、俳優も裏方もよく働いた。二十銭の食券にはかえられない、能率のよい効果を上げて居た。

「からみ」の腕利きの一人を殺陣師《たて》に引上げて使ったのも井上金太郎であった。

これと対照的であったのは、下加茂で一番と言われた有名監督であった。彼は自分の有名を意識してか、俳優にも裏方にも思いやりのない仕事の仕方であった。ことに食券の出る七時門限に仕事を終えて、翌日にまわすやり方が何度かあったので、所員達の秘かな反感をかっていた。「ナニ、目だたないやり方で、NGを出してかたきを取るさ」、「からみ」や「その他大ぜい」のベテランの中からそんな声がささやかれて居る。

人間の生き方は、その人自身できめて生きているのだが、いろいろな生き方をする人間が居るものである。

9　先生、アップを頂戴

前回紹介したスタジオ風景の一コマは、斎藤さんが昭和十年八月から翌夏、十二号で『土曜日』に引き継ぐまで刊行した『京都スタヂオ通信』に自ら筆をとった文章である。いまは自分の手元にもない「――通信」の記事を、鮮やかに思い起こすことができるのは、斎藤さんによると「それだけ苦労して書いた」ということである。

「大体ねえ、私は人から手紙をもらうのがイヤなんです。返事を書くのがおっくうでねえ。はがきさえ二年も三年も書いたことがなかった。手紙を書くとなると、何べんも下書きをしなくては格好がつかない。いまだにそうなんですが、そんな私が新聞を出そうと思ったのは私自身が書くつもりはない。助監督やシナリオライターの見習い、俳優の中にもインテリぶったのがいましたからねえ、そういう連中に書かして……と思っていたわけですよ。しかし、書きませんねえ」

というわけで、アナを埋めるために斎藤さん自身も筆をとるようになる。何回も下書きをして、時間をかけて完成するわけだから、糸口さえつかめば、浪花節をかたるように当時の文章を思い起こすことができるのだそうだ。

そういう文章の中に「先生、アップを」というのがある。あの「蒲田行進曲」（一九八二年に公開。監督は深作欣二。タイトルは「蒲田」だが、舞台は京都の撮影所。スターと大部屋男優の奇妙な友情を描く。原作は劇作家・つかこうへいの直木賞作品）を地でいくような話である。

「先生、ここでアップを頂戴します」、主演の大スターに、若い監督はおそるおそる申し出る。これは、ある大スターのプロダクションの撮影風景の一コマであるが、このプロダクションに限らず、大スターの居る撮影所なら、どこでもざらに見られる風景である。

大スターのお気に入りの監督になると、ご指名で映画を撮らせて貰えるので、自然にこんな風潮が生れたのであるらしい。したがって、骨のある監督は大スターの映画は撮りたがらない。だが、会社の要請で撮らされるのが現状のようである。

日活の現代劇の二大スターが共演する、超大作を撮った時であった。アップのかずが相手のスターより少ないと、きびしい苦情が出て大もめにもめたことがあった。担当の監督は大弱りして、いろいろ苦労の末、アップのかずも、アップの長さも同じようにして、やっと映画を完成させた。

このことは映画界の大きな話題になって、ケンケンゴウゴウの議論に花が咲いた。大スターばかりでなく、人間はエラクなると、とかくいばりたくなるものらしいが、その人間の品性と知的レベルで、そのいばり方が変ると思う。とにかく「アップ頂戴します」はいただけない風景である。

撮影所で働きながら、これらの文章を書きつづける斎藤さんを、会社が快く思うわけはない。『スタヂオ通信』を始めたときの斎藤さんの頭の中には、すでにジャーナリストへの志向が固まっていたということだろう。

10 フィルム工場の職工

『土曜日』の復刻版を繰っていて、「これは私が書いた」と、斎藤さんが指摘してくれた記事を紹介しよう。昭和十一年九月十九日付（第17号）に掲載されたもので、府工場課が京都市内の工場従業員の健康調査を行ったという新聞記事をふまえて、撮影所内の保健問題に言及している。

撮影所における衛生施設の不完全（特にトーキーステーヂ内の）と強行撮影に依る従業員の健康障害はお話以上である。気温三十何度の真夏の暑さの時、閉切ったステーヂの中で冬着で多数のライトを全身にうけた時などには、ジリジリと油汗が流れて眼がくらみ今にも卒倒しそうな思いをする。

俳優達は一カットすむと外へ逃げるようにして出る。冷房装置の映画館から外へ出ると、むっと暑苦しさがおいかぶさるが、その外の暑さもトーキーステーヂから出た者には、ホーと大息をつく程涼しいのである。〔中略〕

それからステーヂ内でスモークをたくことがたびたびある。遠見の背景にスモークで雲を造るのであるが、空気が流通しているとスモークが散るので雲をうまく造るためステーヂを密閉する。そしてその雲がうまく出来るまで何本もたくのである。撮り直しなんかあったりすると皆、悲鳴を上げて外へ逃げ出す。撮影を見に来てたある医者はあのスモーク（硫黄で造った煙）の中に一時間居たら完全に全身の血液が濁ってしまうと云っていた。

私達の仲間（下廻り俳優）で病気になってやめた者が随分ある。病気になってやめて間もなく死んだ者が私の知ってるだけでも二人いる。二人共元気な男だった。研究生で来て二、三年位いたが無理が原因で病死したのである。古い連中は撮影所の空気になれていて適当に要領をかませるが、年若な新しい連中は会社でも使いやすいのでどうしても無理をするようになる。ルーズな生活になれた連中でも流石に身体の調子のなんとなく異状になってゆくことに気付いて来たが、〈月給が〉二十五円から三十円三十五円位の連中は部屋代、食事代、化粧品代、月賦の洋服代、コーヒー代等で足の出るような生活をしているため、身体の少々悪るい位はそれなりである。撮影所従業員で自身を芸術家だと思っている者は一人もいない。皆フィルム工場の職工だと云っている。工場従業員には工場法があって健康保健〔険〕、退職手当の規定があるが撮影所従業員にはそれがない。

『京都スタヂオ通信』から『土曜日』への軌跡を通して、斎藤さんのジャーナリストとしての立場は、より明確なものになっていったことがうかがえる。それにしても、給与生活者であることには間違いない斎藤さんにとって、これらの活動がかなり危ない橋であったろうことは容易に想像がつく。

11　ズボラ組の大見栄

下加茂時代の斎藤さんに、俳優としての仕事の思い出はない。いや、正確にいうと後にも先にもたった一回きり「役」がまわってきたことがある。

犬塚稔監督の「土屋主税《ちから》」。主演は林長二郎（長谷川一夫）で、斎藤さんにあてられた役は、赤穂浪士討入りを報ずる瓦版をひろってウワサ話をする露天商人である。セリフが五つ、六つあった。

松竹の社史資料によると、昭和十二年の作品として「土屋主税・落花篇」「土屋主税・雪解篇」がある。いずれも犬塚稔監督、林長二郎（長谷川一夫）が主演で、他に中村芳子、高田浩吉、北見礼子ら。落花篇が同年七月、雪解篇が八月に封切られている。このどちらに斎藤さんが出たのかは確定できないが、すでに『土曜日』を発行している時期だ。

昭和二年にデビューした長谷川一夫が、大スターとして人気絶頂のときであり、この年の暮れ、松竹から東宝への移籍をめぐって刃傷ざたが起こり、長谷川一夫は左頰を切られた。傷は大事に至らず、これを機に東京撮影所にうつった長谷川一夫は翌年五月、山本嘉次郎監督「藤十郎の恋」で、入江たか子を相手役に再起する。

「さあ、これが大変な騒ぎになりましてね」長谷川一夫の事件ではない。斎藤さんに初めてついた

「大役」のことだ。「撮影所の俳優や裏方の連中が総勢、撮影現場をとりまいて……。なーに、私が日ごろ大きな口をたたいているものだから、あいつ、うまくセリフをこなせるかな、っていう興味ですよ」

とっくに俳優としての志は捨て去っていた斎藤さんだが、ここは一世一代のがんばりどころだった。舞台の経験に支えられた自信と誇りがある。それで？「こっちは、その程度の役はそれほどむずかしいこととは思ってないからねえ。オドオドしないでやるでしょう。無事、切りぬけましたよ」

撮影所の中で、斎藤さんを見る目が変わったことを感じた。

「いつも大きなことをいってサボっているけど、役者としてもそこそこやるやつだ、というわけですよ。そこで、こっちもエライ人に頭を下げてね、うまく立ちまわれば、俳優として道をひらくこともできたんでしょうがね。準幹部ぐらいにはなって、タイトルに名前が出るような……。ハラの中では出世したい、月給もよけい欲しいのにねえ、しかし、そのために人に頭を下げることができないわけですよ。そういう性格をもっている。それで、やらせりゃやれるんだ、て顔をしてね。いまのように社会がひらけて、役者になる人がワンサといれば、その他大勢の役はそこそこで間に合うのだから、私なんかの考えは通らない。当時は人間がいないから、ウデに自信があってブイブイ文句をいうようなやつも、おいといて使わんとあかん」

松竹下加茂で役らしい役がついたのは結局、このときだけだったが、斎藤さんはこれによって自信と誇りを裏付け、ズボラ組の面目をほどこしたのである。

12　一緒にはい上がる

小学四年を中途退学の私が、新聞発行を計画するのは、非常に冒険と思いますが、学問的なものや、名文的なものは、それぞれ専門の先生の書いたものを読めばいいので、字や文章がまづくても、私達のような手から口の生活をする者が、お互いの気持や考え方をかざらないで話合う、要するに読者の書く新聞を考えたのだ。学校もろくに行かない者が、少しでも幸福になるには、自己訓練と教養が大切と思い、新聞はそれに役立つように編集され、読者と新聞は固く結びつくようにする。そして将来は消費組合的な面も取り入れ、精神生活にも物質生活にも、大きな働きをするようにする。読者は何時のまにか自覚分子になり、無産政党に投票するように育ってゆくようにする。

〔「『土曜日』以前」『現代文化』三号、一九六六年十二月〕

斎藤さんは『京都スタヂオ通信』の趣旨について、このように言っている。それは、後の『土曜日』発行に通じる一貫した姿勢でもあり、斎藤さんの新聞に対する希望がここに込められている。『京都スタヂオ通信』の発行に先だって、斎藤さんは撮影所の中で呼びかけ、それぞれが文章を書いて、それをとじてみんなで回し読みをやったことがある。十人ぐらいが集まり、数回やっているうちに二十人ちかくになった。

「みんな、いろんなことを書くわけです。左翼思想の人もいて世の中、まちがっている、というようなことを書くやつがいるかと思えば、私は女の子の友達が欲しい、ということを書く人間もいる。

それはそれでいいと思うんですわ。書いて、みんなで話し合うことによって、少しでも文化的な水準が上がってくる。十人よれば、その中に一人や二人、ましな人間がいるものですわ。その人間のレベルに遅れたものが引きあがっていく。そういうことを思って、やったんですよ」

少しでも余裕のある生活がしたい、どん底の生活から脱け出したい、という希望を俳優の仕事に託した斎藤さんだったが、もうここでは、みんなで這い上がっていくしかない、というふうに考えている。

東映東京撮影所を舞台に十年ほど前、『大泉スタヂオ通信』を二年間刊行し、『幻の「スタヂオ通信」へ』（れんが書房新社、一九七八年）の著者である映画監督、伊藤俊也さんは「私が斎藤雷太郎に関心をもつのは、かつて状況との位置を測りつつ果敢に自己確立をしようとした男があったということにつきる。彼は日々の鬱屈と絶えざる向上心にあえいでいた大衆の一人であり一つの企てに身をさらしたのである」と、その著の中で書いている（『幻の「スタヂオ通信」へ』三二頁）。

その「企て」とはもちろん『京都スタヂオ通信』から『土曜日』へと引き継がれていく新聞発行であるが、発想の原形はこの〝回し読み〟であり、もっと広くだれにでも参加できる場を提供することだった。

13　モデルは『セルパン』

「そのまま撮影所にいても、役者としてエラクなれる見込みがないわけですわ。ズボラ組の金看板をかかげちゃったから。そうすると、自分なりの生きる道を探さんならん……左翼運動が盛んなころを生きて、実際にたずさわってる人も近くで見てきたから、そこで自分もひとつ、そういう運動と生活を両立させてねえ、何かやっていこう、という考えをもってきたわけですなあ」

読者が書く新聞が、そうして固まっていく。各撮影所の助監督やシナリオライター見習いのような人たちに声をかければ原稿は集まるだろう。しだいに下回りの人たちにも呼びかける。書くことによって、各個人がモノを考えるようになり、それにたずさわることで自分もいくらか勉強になる。お金は撮影所をまわって、近く上映される映画やスターの広告をとって歩く。構想はできあがった。

「そうして、いろんな人間と接触して様子をみたわけです。かかりっきりとちがうから一年ぐらいすぐ経ちましたね。だけど、私の知っている人間で、そんなことができると思っていたヤツは一人もいなかった。ところが、私ちゅう人間は自分のことに関しては、ちょっと体裁をはるというのかなあ、格好つけるものだから、あんまり力が入らない。がむしゃらに出世を考えて、そのためなら何でもやることができないわけですよ。ところが、大義名分がたつとね、その大義名分のためには、どんなことでもやれる。そういう性格をもっている。私がやろうとしていることは、撮影所の人間たちの親睦を図るという意味と、文化運動をやるんだという信念があったから、私にはできる自信があった」

斎藤さんはまず、部屋代八円の二階借りを引きはらって、五円の部屋を見つけて、移った。

当時、第一書房から『セルパン』という一部十銭の雑誌が出ていて、かなり広く読まれていた。斎藤さんも読者の一人で「外国の政治、文化の記事が多かった」が、この内容をより一般的にして、どこでも手軽に読めるものにしたい、というのが斎藤さんの考えだった。

町の小さな印刷所に当たって、タブロイド判四ページ、紙代も含めて一千部十二、三円で印刷できるメドがついた。印刷費を広告代で埋め、一部五銭の定価で売れた分を交通費などにまわせば「自分の新聞ができる」。印刷費の半分を負担する気なら続けられるだろう、と斎藤さんは思ったというが、月給四十円の大部屋俳優にとって、たやすい事業であるはずがない。

難関は、経済的な問題だけではなかった。

代書屋で書類を書いてもらって府庁の係にもっていくと、あたまから「お前は共産党の運動をするのか。やるならやってみろ。すぐにひっくくってやる」とおどかされ、延々二時間にわたってしぼられる。

14　府庁新聞係のおどし

『京都スタヂオ通信』発行のために届け出に出向いた府庁で「共産党の運動をするのか」と、いやがらせを言う係官に対して、斎藤さんは「そんなこと、考えていない。スターのウワサ話や撮影所の裏話を書くだけの、ファン向けの新聞を出すのだ」と弁解するが、係官は「それなら五百円の保証金を出せ」と迫る。

当時は「新聞紙法」〔新聞、雑誌の取り締まりを目的とする法律。民権運動時の新聞紙条例を引き継ぎ、反政府的言論活動を検閲し、統制が強化された。一九〇九年制定、四九年廃止〕によって、時事問題を書く場合は五百円の保証金を積まねばならない制約があった。

「何月何日、スターのだれだれが、どこそこで何々をしたと書けば、それが時事問題だ。時事問題にふれずに新聞が出せると思っているのか」

係官は最後に「いずれ新聞紙法違反でほうりこんでやるからな」と捨てゼリフをはいて、斎藤さんの書類を受けつけた。

係官のこの一言は、斎藤さんに重くのしかかったが、覚悟を決めて広告をとるために各撮影所を回った。そして、第一映画、千恵プロ、新興キネマ、日活などから広告をとるのに成功した。斎藤さんが月給をもらっている松竹は、はじめからはぶいた。「思うことが書けなくなると思った」からだった。

広告をもらうために、撮影所の幹部を相手に「ヤマコもはった」。

「各撮影所の俳優部、助監督部など中堅メンバーで、親ぼくと研究のための新聞を出すことになったから協力してほしい」と言って歩いたが、実際にはそんな組織があるはずもなく、斎藤さんの知人でさえ新聞発行には半信半疑だったのだ。

市内の喫茶店、化粧品店、食堂など「活動屋に縁のありそうな」店も軒並み回った。

「新京極のよーじや、スタンド、正宗ホール、クラブ香果園や、ランチェラ、ビクター、フランソア、築地、アラビヤ、八百常などのお店から広告をもらいました。こういう店は毎号、固定して広告を出してくれるようになった。何の後ろダテもない私に、半ば同情してくれたのでしょうが、今でもこれらの店の前を通るときは、当時を思い出して、感謝の気持ちでいっぱいになります」

その広告主の一人で、いまも四条小橋の近くで営業をつづけている「フランソア」の主人、立野正一さん（七六）は「広告を出すつもりはなかったが、斎藤さんと話していると、なぜか気が合って出すようになった」という。昭和九年九月に開店した「フランソア」は、十九世紀フランス名画の複製を飾ったり、シャンソンの話題盤をいち早く入れたりして、学生らの評判をとっていた。このときの二人の結びつきが、やがて『土曜日』を喫茶店で売るアイデアへと発展していくのだから斎藤さんの目のつけどころは確かだった。

そのようにして、広告の方は比較的スムーズに集まった。スターや助演者たちの祝発刊の広告も入って、念願の新聞発行の準備は整った。が、原稿の集まりはよくない。それに、あの府庁の新聞係の言ったことが気にかかる。

「あの人に相談してみようか」斎藤さんに一人の男の顔が浮かんだ。

15　力づけてくれた人

単なるおどしとは思ってみるものの、府庁の係官の「新聞紙法違反で放りこんでやる」という発言は、斎藤さんが一人でしまいこむには重すぎる言葉だった。

あの人なら原稿も書いてくれるのではないか。そう思って、斎藤さんは一夜、撮影所ちかくの加納竜一さんの家をたずねる。

加納さんは松竹下加茂撮影所でセットの設計など美術関係の仕事をしていた。撮影所で時折、見かける加納さんは、いつもたばこを口にして、もの静かな感じの人だった。京大出のインテリで、斎藤さんにしてみると「われわれより、ひとまわりエライ人だった」し、仕事で直接に関係もなかったから、まだ口をきいたこともない。その加納さんをたずねる気になったのは、撮影所内のウワサで加納さんが左翼運動にかかわって警察に捕まったことがある、というようなことを聞いていて「この人ならわかってくれそうだ、と勝手に決めこんだ」のだという。

加納さんは、新聞製作上の注意をいろいろ聞かしてくれ、原稿も書くと約束してくれた。帰りしな、斎藤さんは気がかりな府庁の新聞係の言葉を思い起こして、「大丈夫でしょうか」と聞くと、加納さんは「なーに、大丈夫さ」と、気軽にこたえた。「会ってよかった」斎藤さんの気がかりは吹っとんだ。「加納さんの一言が私を本当に力づけた」と、斎藤さんはいまも、感謝の気持ちをもってそのときのことを思い起こすのである。


一つの新聞が生まれるためにはカットを書いてくれた人、同人誌の経験を教えてくれた人など多くの人たちのかくれた善意と行動が積み重ねられているのでした。私はこの人々の善意と協力をムダにしないと心に誓いました。


「そうでしたか。そういうふうに思っていて下さるのなら、よかった」

加納さんはその後、昭和十四年に上京するが、ずっと映画関係の仕事に従事してきた。終戦直後の九月、日本映画社のチームがいち早く原爆投下の広島に入って被爆のようすを撮影したときのプロデューサーだった。現在、日本視聴覚教育協会顧問。東京在住、八十歳〔一九八八年没。享年八十四歳〕。

「下加茂時代は〝保護観察中〟でしてね。なるべく目だたないようにしていましたから、斎藤さんにどれだけ協力できたか……。二、三回、うちに来られて、そのとき励ますようなことを言ったんでしょうね」

加納さんはそれより前、京大滝川事件（昭和八年）の前後、治安維持法違反で下鴨署に検挙されている。党活動へのカンパがその理由で、山科刑務所に移されて半年あまり後、執行猶予付きで出てきた。撮影所というところは「世間とはちょっと違った雰囲気があって」、その加納さんを「あしたから来い」といって使ってくれたのだそうだ。

撮影所ではつとめて目だたないようにしていたが、加納さんは消費組合運動や「ソヴェート友の会」に関係して、当時の体制への不満をあらわしていたのである。

16　夢見る思いの第一号

昭和七年の秋、京都ではじめての公開のロシア語講習会ができている。「ソヴェート友の会」が主催、加納竜一さんがその責任者だった。

参加者の一人だった松田道雄さんが『京の町かどから』（筑摩書房、一九六二年）の中で書いている。「ロシア語のけいこをするということは、別に思想と直接に関係したことではない。しかし、ロシア語が、ソ連と関係があるという点で間接には思想と関係があった。私たち参加者の多くは、間接に関係をもつことによって、当時の体制への不満をあらわそうとしたのである」

講習会にはいろいろの人が集まった。京大法学部の末川博、恒藤恭、滝川幸辰、加古祐二、同志社大の住谷悦治、能勢克男の諸氏らで、講師は天理外語の井田孝平氏だった。第一回のときは参加者が五十人を超えたといい、「さまざまの職業と年齢の生徒が、井田先生の口マネをしてアー・ベー・

ヴェー・ゲーをやっている姿は、一種の人民戦線〔一九三〇年代半ば、反ファシズム、反戦などを目標とし、人民大衆を中心とした諸政党、諸団体による統一戦線。フランス労働階級の運動から生まれた戦術〕であった」と、松田さんは書く。

このメンバーは翌八年四月の京大滝川事件にかかわる人たちであり、後には斎藤さんの『京都スタヂオ通信』『土曜日』の協力者になる人もいた。斎藤さんはもちろん、このような会合を知っていたわけではないが、撮影所で働く加納さんを協力者として見抜いた嗅覚は確かだった、ということになる。

加納さんは後に、能勢克男さんを通じて『土曜日』にも、〝住宅読本〟と題して、主婦はもっと怠ける工夫をする必要がある、などといったユニークな連載をしているが、斎藤さんはこの書き手が加納さんであることを知らなかった。記事は無記名で、編集会議ではとくに筆者にはふれなかったからである。

さて、『京都スタヂオ通信』は昭和十年八月一日、第一号が発行された。斎藤さんはそのときの感動を次のように伝える。

まだインクのにおいのする新聞を手にしたとき、私にもこんな新聞を出せる力があったのかと、夢のような気持で紙面をながめた。そしていっときも早くこれをくばらなくてはと思った。みんながこの新聞を見て、なんと思うかそれが知りたかったのです。

〔「『土曜日』以前」『現代文化』三号、一九六六年十二月〕

印刷代とか紙代は広告でほぼ見合うものがとれていたので、各撮影所に無料でばらまいて回った。松竹では何人かの読者を予約しておいたのだが、いざとなると、いろいろ口実をもうけてお金を出ししぶる。一部五銭の定価は決して安くなかったのである。安物の喫茶店ならコーヒー一杯飲めたし、アンパンなら二つ、三つ買えた。安月給のスタヂオマンが、ちょっとためらう額ではあったのだ。

「たしかに高かったのですが、本当はかかわりたくないという気持ちもあったでしょう。それに、内容的には飛びついて買うほど値打ちのある新聞でもなかった」

と、いまの斎藤さんは思う。

17　伊丹万作らも寄稿

一部五銭の定価をはらって新聞を買ってくれる人は、稀だった。広告あつめの成否が、新聞発行の継続と、斎藤さん自身の生活を左右することになった。

第一号は出したが、第二号の原稿も広告も見通しはたっていなかった。

広告主に少しでも信用してもらうため、斎藤さんは一着しかない背広を着て、京都の町を自転車で走り回ったが、鴨川の土堤で夕立にあい、ずぶぬれになったときは「半泣きになった」。心あてにしていた店にどこでも断られ、一軒でもとねばりにねばって家に帰ると「ひきがえるのようにぶったおれた」。その日が九月十四日であったことを、斎藤さんは今でも鮮やかにおぼえている。「これだけの苦労を役者でしたら、もう少しどうにかなったろうに……。えらいものに手をつけた、と思いましたよ」

原稿不足の悩みは、その後もずっと続いたが二号、三号がもっともつらかった、という。新聞や雑誌の映画関係の記事から、適当にアレンジしたり、読者やファンの投書のかたちで、斎藤さん自身が書いて、急場をしのいだ。

『京都スタヂオ通信』は月一回発行、毎月五日付で一回も休刊することなく出しつづけた。そのうち、協力者も出てきた。日活では俳優の小山田という人が、千恵プロでは装置関係の仕事をしていた清水という人が世話人になって、原稿のことや購読の面で力になってくれた、という。千恵蔵映画の逸品「國士無双」などでコンビを組んでいた監督の伊丹万作と、シナリオライター伊勢野重任の両氏から原稿をもらえたのも、その人たちの世話だった。

新興キネマでは監督の森一生氏らが積極的に協力してくれた。日活、第一映画を経て新興キネマに入社した森氏は昭和十一年、「仇討膝栗毛」を撮っているが、当時、斎藤さんの記憶によると寺門静吉氏らとともに、撮影所内で何らかのグループをつくっており、新聞への協力依頼した斎藤さんをその会合に呼んでくれた。「ウサギヤという喫茶店だったと思いますがね」、その会合には後に名バイプレイヤーとして活躍する志村喬氏が顔を見せていた。志村氏は昭和九年に新興キネマに入っている。森氏らは原稿もよく書いてくれたし、運営についてもいろいろ助言してくれた。

『日出新聞』の映画欄で使ったスチールの凸版のお古を手に入れてくれる人も出てきて、なんとなく映画新聞らしくなってくる。写真凸版を使おうとすると一枚二、三円かかったので、この協力は助かった。新聞は徐々に広まっていったが、時事問題が書けないので、一般の人の関心を呼ぶには内容的に乏しかった。斎藤さんはどうしても「有保証」のための五百円をつくろう、と決心する。が、五百円という額は、月給四十円の斎藤さんが飲まず食わずでためても一年以上かかる大金だ。

18　お古の写真凸版使う

『京都スタヂオ通信』の広告料は一段の五分の一が一円五十銭、二段ぬき三円だった。

スターたちからもらう新年のあいさつ、暑中見舞の広告は大きな収入源だった。斎藤さんはそのお金をためて、時事問題の書ける「有保証」の新聞にする目的があったから、さらに、撮影所の知人にたのんでスターのサイン色紙をもらったり、宣伝部で古いスチールをもらって歩いた。スタジオへ遊びにくるファンにそれらを売るのである。

「お金をためるために、考えついたことは何でもやった」斎藤さんに対して、「君はそんなにお金が欲しいのか」という声も聞こえてくるようになる。善意で協力してくれていた人たちが、ちょっとした行き違いで離れていくケースもあった。

そういうトラブルのなかで、新聞社で使った写真凸版のお古が手に入らなくなり、これは直接経費にかかわってくるので、痛手だった。いまは「有保証」の新聞にするための五百円をためることが最大の目標である斎藤さんにとって、新しい写真凸版をつくる費用、一枚二、三円の、新規の支出はつらい。写真が多く、にぎやかだった新聞が、急にさびしくなった。

斎藤さんは『日出新聞』をたずね、印刷現場の人をつかまえて「新聞につかった後の写真凸版はどうするのか」をきいてみた。そして、それはきまった商人がいてかますにつめこんで持って帰っていることがわかった。下京にある商人の家をたずね、一枚十銭か十五銭でわけて欲しいと頼むと、おやじさんは喜んで承知してくれた。かますに入った凸版を土間にあけ、よりわけるのだが、自分のつとめている松竹下加茂の作品はどのスチールかすぐ見当がついても、他社のになると凸版だけでは見分けがつきにくい。

印刷屋にわたすとき、映画の題名と人物、スターの名前を写真説明として付ける。ところが、新人の女優など新聞の閉じ込みを繰って調べてみても、どうしてもわからないのが出てくる。「そんなときは、いいかげんに書いて印刷してしまうんですよ。ところが、そのデタラメが編集者の意図してやったことだとみられ、面白がられたりしました」

そのころ、演劇評論家の山本修二氏を三高にたずねた斎藤さんは「冷や汗の出る思い出の一つです」と、ふりかえる。

三高教授で、すでに菊池寛との共著「英国愛蘭《アイルランド》近代劇精髄」をあらわし、日本の演劇界に大きな影響をもつ存在だった同氏は、見ず知らずの青年に「原稿を書いて下さい」とたのまれ一瞬、とまどったようすだったが、やがて苦笑しながら「ハイ、わかりました」とこころよく承諾してくれた。

短い原稿がしばらくして、斎藤さんの手元に届いた。「たよりない新聞に千金の重みが加わった思いでした」

19 「有保証」新聞へ突進

「有保証」の新聞にするため五百円をつくる努力の一方で、原稿あつめの苦労。これまでにも、斎藤さん自身の筆による原稿のいくつかを紹介したが、『京都スタヂオ通信』から『土曜日』を通して、斎藤さんはかなりの原稿を書いている。

ニューフェース

ニューフェースとやらで、六、七人の可愛い娘達が、晴れ着姿をならべて、笑顔をつくっている。大ぜいの応募者の中から、みごと金的をいとめて選ばれただけに、いずれもあやめ、かきつばたであどけなく美しい。新聞社へのあいさつ廻りは、天国への階段といえよう。希望に胸をふくらませる、この未来のスターの玉子達の前に、もう一つの関門が待っている。

オエラ方の酒の座にすわって、お気に召されたか、召されなかったかで、彼女達の前途はハサミ状に差がついていく。そして二、三年後には、映画界のきびしさ、汚なさをかみしめて去る者と、割り切った生活の知恵を太らせて生き残る者とが出るのである。

家にもかえれず、女給におちた先輩のあることを忘れず、映画界のはげしい荒波を、無事に乗りきってほしいと、願わずにいられない。

これも、当時の記事を思い出しながら、斎藤さんが書き起こしてくれたものだ。

日活太秦撮影所の中堅メンバーでつくっていた「剣会」の人たちも斎藤さんの協力者だった

「それにしても毎月一回、編集して印刷所に回して、校正でしょう。原稿も書く。こちらの仕事は決まった日時をずらすわけにはいかない。ところが、撮影所の方はいつ仕事が入ってくるかわからない。これが校正のときにぶつかったら、撮影所の仕事の方をほっぽり出して、校正の方へ行っちゃうわけです。ひどいもんだと思いますねえ。だれだって仕事に出たくないときがありますよねえ。それでも月給をもらってる手前、やってるわけでしょ。こっちは平気で休んじゃうわけだから、あんなやつ、なんでのさばらせておくのや、ってボヤいているやつがたくさんいましたよ」

斎藤さんの立つところは、撮影所のなかにいながら、完全に『京都スタヂオ通信』の方に足場をうつしていた。もはや、新聞からの撤退は許されない。新聞を投げ出すことは、自身のよりどころを失うことだった。

スターの色紙を売ったり、お弟子にたのんでスターのひいきに新聞をまとめて買ってもらったり、ファンのグループをさがし出して記事にすることを条件に買わせたり……「みみっちいが、それもこれも〝有保証〟のためにしぼる浅知恵でした」

スッカンピンだった斎藤さんの貯金が百円、二百円……とふえていった。

20　ついに道が開けた

「百円、二百円といいますけどねえ、大変なお金ですよ。十円あれば酒を飲んで、女と遊べた。ふつう、二階借りの一人者がそんな大金もったら遊んでしまいますよ。私はどんなことがあっても、時事問題の書ける新聞を出すと誓いをたててやってたから、エラぶっていうわけじゃないんですけど、よく辛抱したと思いますよ」

昭和十一年四月、貯金が念願の五百円に達して、郵便局に引き出しに行った。

『京都スタヂオ通信』の発刊から、わずか八カ月の間に、月給の十倍以上の金をためたのである。斎藤さんの身の律しかたもさることながら、その〝経営能力〟に目を見はらされる。さて、郵便局での斎藤さん、

局員がバラバラと札をかぞえて私にわたす。私はその場でかぞえたが合わない。何回もかぞえたが二、三枚違う。五、六回かぞえたが合わないので、局員にもう一回やってくれと頼んだ。局員の手もとを見て、目で数えると確かに五十枚。受けとってこんどかぞえると合った。私はそれまで百五十円くらいまでは自分の金として持ったことはあるが、五百円の大金は初めてだった。電車の中でもポケットの中で、しっかりつかんでいました。

そのお金を国債にかえて、府庁で手続きを済ませば、いよいよ「有保証」の新聞になり、時事問題も自由に書ける。斎藤さんは極度の緊張のなかで胸がはずんでいくのを感じた。

烏丸三条の株式店に行き、額面百円の国債を五枚買うと、「たしか四百七十円でしたよ」。それならもう一カ月くらい早く買えることができたのに、と思ったが、ともかく書類をそろえて府庁へ急いだ。

「お前もいよいよ本物になったな。そのうちに一生、刑務所から出られないようにしてやるから、覚悟しておれ」

府庁の新聞係は相変わらずイヤミをいって、斎藤さんの気を重くしたが、手続きを済ませて外に出ると「私の胸はいっぺんにはずんだ」。これまで「無保証」の新聞だったので、原稿を依頼するにもためらいがあったが、これからは違う。

映画人以外の人にもどしどし書いてもらおう、と斎藤さんは手はじめに『文芸春秋』の筆者紹介欄で住所を知っていた住谷悦治、大岩誠氏をたずねた。

「たたけよさらば開かれん」「求めよさらば与えられん」。子どものころ教会で聞いたこの言葉は、広告をとりにゆく時、読者や執筆者の開拓にゆく時、道すがら口ずさんでいましたが、ついに道は開けたのです。

同志社と京大でそれぞれ経済学史、フランス政治史を教え、学生にも人気のあった二人の気鋭の学者はこころよく原稿を引き受けてくれ、住谷氏からは後に『土曜日』の編集同人となる能勢克男氏を紹介された。

21 「善意の人々」の存在

人のつながり、というのは面白い。住谷氏から能勢氏を紹介された斎藤さんは、そこで美学者の中井正一氏を知る。三カ月後にはこの三人で『土曜日』を発刊することになるのだが、斎藤さんはそのとき、「こんないい先生がたが、こんなに近くにたくさんいるとは夢にも思いませんでした」という感想をもっている。

『京都スタヂオ通信』の発行という事業を通して、斎藤さんは多くの「善意の人々」の存在を知って、新聞発行への希望と自信を深めた。

社会的キリスト教の運動をしていた中島重、和田林熊氏を下鴨の自宅にたずねたのも、そのころのことである。

中島氏は昭和四年、同志社の法学部で理事者と学生、教授らが対立してストライキに発展した事件をきっかけに同志社を去り、関学に移っていた政治学者。和田氏は同志社で心理学、教育学を教えていて、ともに進歩的な考えをもっていたクリスチャンである。『社会的キリスト主義』は昭和九年ごろ発刊した雑誌で〔『社会的基督教』のことか〕、斎藤さんはこの雑誌で二人の学者を知ったのだった。

二人の話は、これから新聞を出そうとする斎藤さんを大いに励ますものだった。

友人の親戚の軍人を日活太秦撮影所に案内（昭和9年ごろ）。右端が斎藤さん。その左は大河内伝次郎、中央は山中貞雄

和田先生は「今までのキリスト教のあり方では、大衆をつかむことはできない。社会主義的な考え方も取り入れ、新しい時代を見通す。だからといって、黒覆面をとると共産主義の顔が出るという意味ではない」と、いうような話をされたと思う。中島先生からは「この前の戦争の時は、急なことで私たちが反戦の運動をするヒマもなかったが、こんどは絶対に戦争をさせないよう、国民の力を結集して、がんばらなくてはならない」というような話をきいた、と思う。

斎藤さんが、このように思い起こす二人の話の内容は、そのまま『土曜日』の編集方針の根幹につながっているようでもある。

斎藤さんはまた、当時の文学同人誌『リアル』や『同志社派』の人たちにも会って、いろいろと新聞発行について相談に乗ってもらった。ガスタンクに近い新開地へ『車輪』の同人をたずねた記憶があるが、それがだれであったかおぼえていないという。

『車輪』は昭和十一年に出た詩誌で、同人の一人に京都二中出身の倉橋顕吉がいた。肺患で三十一歳で死んだが、同じころ『リアル』の同人だった詩人、天野忠さんは「あの時代をもっとも真剣に生き学び歌い、そのために苦しんだ代表的な庶民詩人」と、語っている。斎藤さんが会った『車輪』の同人は、その倉橋健吉であったかもしれない。

『リアル』では「活発な論客で、純真な詩人だった」（天野氏）永良巳十次《ながらみとじ》氏らが、斎藤さんの話にのっていたという。

22　休刊も赤字もなく

『京都スタヂオ通信』と『土曜日』の発行を通じて、一回も休刊したことがなく、赤字に悩んだことがない、というのが斎藤さんの自慢である。

「知人にカンパをたのんだこともないし、印刷屋へ代金の迷惑をかけたこともありません」

三十歳を出たばかりの、新聞に関しては全くの素人だった青年になぜ、それが可能だったのか。

「執筆者、協力者、広告主、読者の共通した願望が、誠実な行動となって成果を得た」のだと斎藤さんは思う。

斎藤さんはハラをくくってはいたが、決して非合法運動を考えていたわけではない。「非合法運動をするほどの強固な意志も能力も持っていない」と、自分を規定していたし、かつて全協（日本労働組合全国協議会）のメンバーと接触して、非合法運動のむずかしさを多少とも知っていた。

阪妻プロ時代の記念撮影。２列目左から２人目が斎藤さん。
昭和４、５年ごろ、阪妻プロ太秦撮影所事務所前で

斎藤さんは、次のように考えていた。

どんな意志の固い人間でも限界があるし、自己犠牲の精神をいつまでも持続することは困難でもある。またそれを期待してはならないと思った。したがって革命運動や非合法運動は、非常に優れた人々によって出来る仕事で、その根幹となる人は特に選ばれた、誠実で、有能な人物でなければならないと思った。一定の水準以上の能力と意志を持たない人間は、直接革命運動には参加さすべきでなく、犠牲ばかり多くて実効のあがらないやり方で、あたら善意と熱意を持った人々を、犬死させてはならないというのが、私の体験から得た見解でした。

〔「『土曜日』について」『復刻版　土曜日』三一書房、一九七四年〕

斎藤さんは何にも増して、新聞発行の継続を優先させた。斎藤さんに「理想」がなかったわけではないが、運

動のための経済的負担に耐えられるだけの余裕はなかった。後に警察の調べに対して「どうして『土曜日』のような穏健な新聞を弾圧したのだ」と聞いたというが、それは斎藤さんの偽らざる気持ちだった。「生活にくるいが出ない範囲の犠牲で発行していた」のだから、つまらない誤解を受けないため「左翼的な文章は一編も掲載していない」と言い切れるものだったのだ。

新聞は斎藤さんにとって生活の基盤になるものだったから、常に経済性を考えていた。弾圧されればたちまち、その基盤はくずれるのだから、そのことに関して斎藤さんが細心の注意をはらうのは当然である。

歴史学者の羽仁五郎氏は「経済的に成り立たないものは、道徳的に成り立たない」ということを自戒の言葉にしていたそうだが、斎藤さんは自ら文化運動と定義づける新聞発行をとおして、そのことを実践していたわけだ。

23　志育てた少年時代

言論の自由らしいものは、もはや存在しないに等しい時代。小学校中退の大部屋俳優である一青年が、新聞発行をとおして歴史と接点をもった。彼自身が再び、歴史とかかわることはなかったが、それはむしろ当然のことだろう。青年がかつて歴史に舞台にあらわれた、ということの方がむしろ偶然のことで、それは青年の志のもち方とは関係がない。

青年が歴史の舞台で果たした役割は、いま私たちを勇気づけ、あるいは私たちの生き方に重い問いかけをもって迫ってくるものがあるが、青年の志は彼の人生において、市井に埋もれた部分の来し方のなかで育まれたものである。

「スタヂオ通信を出したときは三十歳すぎでしたけど、私なりに文化運動というか、社会運動というかねえ、そういうことに関心をもったのは十五、六のころからなんですよ」

斎藤雷太郎さんは語る。

「貧しい家で育って、小学校も四年で中退でしょう。小学校に入ったばかりのころ、母親は弟を連れて去っていった。父親と二人で住まいも転々、社会の底辺のところで生きてきたから、社会に対する不満というか、反逆精神というのかねえ、子供なりに、いくらか持っていたと思うんです」

字だって、どうしておぼえたのか、よくわからないという。本を読むのは好きで「文芸倶楽部」なんかを夜店で買ってきて、最後の方に掲載される落語、講談を楽しみにしていた。
十五、六歳のころ、夜店で買った本の中に『寸鉄』というのがあったのを、斎藤さんはおぼえている。
「いまでいうと、進歩的な雑誌だと思うんですよ。古本で売ってるのを買いました。そんなの読んで、いくらか、社会的な目がひらいてきた。もう一方では、ぐうたらな青年として生きていました。役者の世界に入ったのも、女の子にもてるだろうっていうようなことからなんですよ。女のケツを追っかけてみたり、くだらないことやって、あっちへ行ったり、こっちへ寄ったりだったけど、まあ、向学心はあったわけですなあ」

のちに劇団に入った斎藤さんはそこで、世の中にはいろんな人がいるもんだなあ、と驚く。学問を身につけた人と接するのは初めてだったから。「私の周囲にいた人たちは生活に追われて、ちょっと金がたまったら女郎を買いに行くぐらいしか頭にない。役者のえらい人たちは、日常の態度でも、エーッと思うようなことがあってねえ。それからは背伸びして生きていかなあかんから、一生懸命でしたねえ」

斎藤さんの話をきくうち、子どものころの話もぜひ知りたくなった。『京都スタヂオ通信』↓『土曜日』の根っ子があるにちがいない。

◇　◇

今回で一時休載、四月中旬から再開します。

第2章　職人から役者へ

24　読者の書く新聞

京都で『土曜日』という文化新聞が発行されたのは、満州事変〔一九三一年九月十八日、中国瀋陽の柳条湖近郊で日本の関東軍による鉄道爆破を機とする中国東北部への侵略戦争。十五年戦争の始まりといわれる〕後の日本がやがて日中戦争に突入していく時代だった。隔週刊で、わずか一年四カ月の期間だったが、読むすべて人々が書く新聞をめざし、かなりの部分それを達成した。一九七四年、この小さな新聞の復刻版が刊行され、久野収氏は次のように書いている。

――『土曜日』の編集責任者である中井正一と能勢克男の二人は、大衆社会と大衆文化の基底的意味を戦後に先きだって、先きどりし、ジャーナリズムや文化を、大衆に責任をおう専門家の独占から解きはなち、その場所を大衆の自己確認、自己表現の場にしようと試みたのであった。

久野氏はまた、『土曜日』が当時の進歩的インテリをとらえた党教条主義、あるいは理論教条主義の悪影響からも自由でありえたのは、編集者たちのマス（大衆）とマスカルチュア（大衆の文化）への深い信頼と期待であった、という。

弾圧で廃刊に追いこまれる直前の第四十二号の編集後記は次のように記している。

非常に沢山の投書で、紙面に載せきれない。本号は七〇パーセント投書で埋めた。「文芸時評」

「映画評」の如きも投書を以て組み立ててみた。その結果は見られる通りである。「此の新聞は読者が書く新聞である」とは、一年間我々の主張して来たところであるが、今や我々のその主張は見事な花ざかりを以てむくいられようとしている。

この記述について、編集・発行名義人の斎藤雷太郎さんは「これを書いたのは、おそらく能勢さんで、あの人一流のやり方なんですよ。載せきれない、というほど投書があったわけではありませんが……」と、ふりかえりながら「しかし、投書は確実にふえていて、これからという時だったんですけどねえ」という。

「読者の書く新聞」は、映画撮影所の体質改善に情熱を燃やして『京都スタヂオ通信』を発行していたときからの、斎藤さんのねがいだった。『土曜日』の創刊号はこの『スタヂオ通信』を引き継いで第十二号の通しナンバーをもっており、これは新しい新聞発行ということで当局の警戒をさける意味もあったが、斎藤さんの新聞に対する希望を、新たに編集に加わった中井、能勢の両氏が積極的に受け入れたからに他ならない。

ここでまた、久野氏の言を借りると『土曜日』は、大衆自身の新聞、大衆自身の文化をつくり出すために、知識人はどう活動するのがよいかを実験してみせた点で、実に創造的であった――のだが、この新聞の発想は、小学校中退の学歴しか持てなかった斎藤さんにとっては、自然の理であった。自らを生き、そして表現することが『土曜日』へとつながっていったのである。

三月十四日付、二十三回で中断していたのを再開。斎藤さんの少年時代から映画界に入るまでを、聞き書きを軸に追っていきます。

◇　◇

25　庶民の発想から

『土曜日』の発行者であり編集者であった斎藤雷太郎は、……庶民であって、大学出のインテリではありませんでした。理論家でもなんでもなかったのですが、心情的左翼であったことはまちがいないと思います。

彼は『土曜日』の原稿にいちいち目を通し、文章がむつかしくて判りにくい場合、筆者あるいは編集者の能勢克男、中井正一に書き直しを要求しました。斎藤はインテリ、学生だけを相手にせず、『土曜日』を広く庶民によんでもらおうと心がけていました。その点、『世界文化』は高級？　すぎて、普通の学生には歯がたたないということがあったと思います。

和田洋一・同志社名誉教授が『世界文化』『土曜日』などについて一昨年〔一九八二年〕、立命館大での研究会で語った一節である。和田氏は中井、能勢氏らとともに『世界文化』のメンバーであり、また『土曜日』の読者でもあったが、そこでの斎藤さんの役割と人物像を知ったのは、戦後になってからだという。そして、当時の『世界文化』の一人ひとりが、雑誌ができあがると、あとは合評会で意見感想を述べるだけで、雑誌を多くの人に読んでもらおう、大勢の人に買ってもらって経営を楽にすることなど全く考えたことがなかったのに対して、『土曜日』が黒字を出しつづけたということにびっくりした。「これは斎藤さんが学歴らしいものをもたない庶民であればこそだったという気がします」

当時の状況では反戦、反軍の方向で新聞や雑誌を編集することだけでも〝悲壮な決意〟だったろうことは容易に察せられる。そういう考えを内包しながら、その新聞発行を通して自身の生活の基盤にしようとした斎藤さんのやり方は、やはりインテリの発想とはちがう。

斎藤さんは明治三十六年（一九〇三）十月十八日、横浜に生まれた。「と、私は思っているだけなんですがねえ」。えっ？　「物ごころがついたころには平沼に住んでいた、神奈川県ですねえ。それが五つか、六つじゃないですか。それ以前はわからない。ただね、のちにタンス屋で職人をやっているころ、ちょっとしたことがあって、死んだ姉（夏）や兄（信一）の墓参りにちょいちょい行った。私はその姉や兄のことを知らない。生まれてまもなく死んだんでしょう。その墓が横浜にあった。各宗派の墓がかたまってあるところでしたがね」

だから、斎藤さんは自分の生まれたところを正確には知らない。

「おかしな話ですがねえ、気にしたこともなかったんですねえ。平沼ではおやじがちょっとした店をやってた。雑貨屋みたいな店だったと思うんですが、前の通りは今出川通ぐらいあったような気がする。でも、子供の記憶だからもっと狭かったかもしれない。この店をおやじが失敗して、根岸町の裏長屋へ引っ越したもんだから、前は本通りで店を開いていたのに……と思いこんでいるのかもしれませんねえ」

26　転々の少年時代

斎藤さんが物ごころついたころの家族は父と母、それに小学校に通っていた姉シズが居た。「姉の成績がよかったことはよく聞かされたのでしょう、おぼえている」が、その姉といくつ違いであったかは知らない。まもなく弟の海三が生まれる。五つか六つ年下ということになる。

「店はおやじが酒好きで、それでつぶしたんですなあ」

一家は店をたたんで平沼の「本通り」から、根岸町の「裏通り」の長屋へ引っ越す。斎藤さんはそこで小学校に入る。姉はすでに奉公に出ていて、この家にはいなかった。

店をつぶした父吉助は、何かの職人としてどこかに雇われて働きに出るようになっていたが、その日の稼ぎを飲んでしまうこともあったらしい。母さきの方の親せき筋は「かなり盛大にやっていた」こともあって、父母の間にケンカが絶えなかった（と、これは後に斎藤さんがそう考えるのである）。

斎藤さんが小学校の二年に上がったばかりで両親は離婚。母さきは弟海三を連れて出ていった。弟の方は母方の親せき筋に身をよせて、何不自由のない暮らし向きだったようだが、ひとり残された斎藤少年はそれから渡り職人として暮らしを立てる父親について、転々の生活に入る。

母が弟を連れて出てから、父親も家を移る。同じ根岸町だったがそこで斎藤さんは、第二慶醒小学校という、キリスト教の系統の学校へ転入した。

斎藤さんはのちに新聞を発行するようになり読者や執筆者の開拓に行く時や広告を取りに行く時など「たたけよさらば開かれん。求めよさらば与えられん」と道すがら口ずさんだといっている。この学校に学んだ縁で、教会にも通ったのだろう。

「前の学校は畑の中を歩いて、ずーっと遠いところにありましたけどねえ、学校の名前はおぼえていないんですよ。第二慶醒小学校だけはおぼえている」

しかし、父親の仕事の都合でまもなく横須賀に移り住むことになり、学校は四年の中途で自然退学となる。

小学校に通っているころの話――。間借りの部屋で斎藤少年は毎日、腹をへらして父親の帰りを待つ。遅くなると桜木町の方へ、畑の中の暗い道を父親を迎えに行った。腹をすかしてトボトボ歩いていると、暗やみの向こうにたばこの火がみえる。「お父ちゃんか、と私が声をかけると、父親の場合もあるけれど、アカの他人の場合もあるわけですねえ。いかにも哀れな話だと思いませんか」

金のあるときは一膳めし屋、うどん屋に連れて行ってもらったが、金のないときは一銭、二銭をくれて「あすはイモでも買って食え」と、いうふうだった。

27　初めて見た映画

のちに映画界に入る斎藤少年が初めて見た映画は「徳川大尉が東京から大阪まで飛んだ」その〝記録映画〟である。「なーに、画面の中を黒い点がすーっと飛んでいるだけで、出発のときと大阪に着いたところでは徳川大尉が手をふっている、というようなものでしたがね」

それから「二〇三高地での日本と、ロシアの鉄砲の撃ち合いシーンでしたね」

いずれも父母が離婚するまでのことで、家族みんなで近所の人といっしょに伊勢崎町の映画館へ行ったという。

とすると、明治の終わりごろになるわけだが、徳川大尉（好敏・元陸軍中将）は明治四十三年、飛行機操縦術を学ぶためにフランスに渡り、同十二月東京代々木練兵場でアンリ・ファルマン機を操縦して日本での〝初飛行〟に成功している。東京から大阪に飛んだというのは、ひょっとして斎藤さんの記憶ちがいかもしれないが、とにかく号外が出るほどのニュースで、それで見に行ったという。

「二〇三高地」は日露戦争の大激戦地。四カ月の激戦ののち明治三十七年十二月、日本軍が攻略すると、国内ではこの地が二〇三メートルの標高にあるところから、中央を高く突起させた女性の髪形まで流行した。斎藤少年の見た映画もこうした戦勝気分の中で近所さそい合わせて映画館へ行ったというわけだ。

斎藤さんによると、この映画は五分か十分ていど。カメラは据えっぱなしで手前にロシア兵の頭がみえる。向こうに日本兵十人ぐらいがこちらに向かって鉄砲を撃つ。二、三発撃っては前へ、前へと進み、ついにロシア兵は撤退、最後はカメラの前で日本兵が万歳をして終わりというものだった。

そのころ、映画館で「幻灯」もやった。映画とちがって画面は動かない。強い光を絵画、写真、実物などにあててその反射光を凸レンズによって拡大映写する仕掛けなのだが、――夕焼けの光景と相なりまする、と説明があるとやがて画面に美しい夕焼けの空がうつる――といった具合。

「大体、夕方から始まるんですよ。そのころ、どんな映画があったか知りませんが、ドラマのようなのは覚えがないですなあ。もっと大きくなって松之助、目玉の松ちゃんを見ましたけどねえ」

父と二人で移り住んだ横須賀では、知人の仕立屋の二階を、間借りしていた。

そのころは小学校も自然退学という格好になっていたから、昼間は仕立屋さんの使い走りをしたりして一銭、二銭の小遣いをもらっては町をぶらついたり、古本で立川文庫を買ったり、「文芸倶楽部」を手にするようになったのもこのころである。立川文庫では山中鹿之助、猿飛佐助、霧隠才蔵、岩見重太郎……と次々、思い出の作品が出てくる。

新派悲劇の映画も見に行ったというが、作品は思い出せない。

28　十三歳で奉公に

横須賀時代、数え年で十、十一歳にあたる。新派悲劇の一シーンのような思い出が斎藤さんにはある。町はずれの広っぱにサーカスがかかり、斎藤少年は仕立屋の使い走りでもらうお金をもって見に行った。そこで「三十歳ぐらいのおばさん」が綱わたりをしていたのだが、それが母親に似ていて、三回も出かけたというのである。

話は前後するが、父母が離婚してまもなくのころ、父からは足どめされていた母方のおば（母の兄の妻）が病気になった、どういう病気かはわからないのだが、何かのタタリで霊がとりついたのだという、それが亡くなった斎藤さんの兄信一と関係があるということで、斎藤少年にも拝んでくれと呼ばれていった。行くと大抵、焼きイモが買えるぐらいのお金をくれるので父親の目を盗んでは行った。そこの娘は女学校に行くほど豊かだった。母と弟はその兄をたよって出ていったはずなのに、母親とそこで会うことはなかった。あとでわかったことは、父と離婚してからまもなく、母はその兄の世話で再婚して調布に住んでいた。斎藤さんは八、九歳で母親と別れて次に会ったのはおよそ十年後、ダンス屋で働いていたときである。

斎藤さんの亡くなった兄信一（戸籍で名前を知っただけで斎藤さんは知らない）の霊にとりつかれたと信じている、そのおばさんは半病人のようすで家一軒を借りて床に伏していた。大きなヒナ壇のような仏壇があり、斎藤さんが行ったときは白い着物をきて、お坊さんみたいな人と問答のようなことをしていた。斎藤さんが後に、横浜の墓地に参るようになったのは、こんなことがあったからだという。

ここで斎藤さんの父方の親族に話をうつすと、祖父（歌右衛門）は京浜急行蒲田駅から三つ目の穴守稲荷のちかくに住んでいて、まだ父母が離婚する前に行った記憶があるという。付近は田畑で、祖父の家は農家だった。子供は男四人、女一人で斎藤さんの父吉助は三男。祖父は五十歳のころ財産分けしたが「息子たちはみんな、田畑を飲んじゃった」と斎藤さんは言っている。斎藤さんの父も土地は持たなかった。斎藤さんによると父の兄弟では四男重之介が「一番おとなしいが働きがあった」ようで、渡り職人となった父親は横須賀に二年ちかくいた後、東京三ノ輪にいたこの弟（斎藤さんにとって叔父）の住む家に移り住む。斎藤少年はまもなく浅草千束町の文房具屋に、住み込みで丁稚奉公に出る。数え年で十三歳になったばかりのころか。

「筆屋なんですがね、店では墨とかすずり、ちょっとした本なんか売っていました。おやじは熊谷鳩居堂に筆をおさめているのが自慢で、腕のいい職人でした。職人が一人か二人いて、私は店番とか使い走りが主だったけど、筆つくりも手伝っていた」

29　丁稚をやめ職人に

「その筆屋でさあ、一年半か二年ぐらい、いましたかなあ。黙って逃げ出したんですよ。食べさせてくれるだけで丁稚の休みは年二回しかない。職人だと一日と十五日、月二回休みがある。よそに行って職人になろうと思って、やめちゃった」

今でいえば小学五、六年の子供である。店番をしながら夜おそくなると居眠ってしまい、主人に見とがめられて眠気ざましに表を歩いてこいとしかられることもしばしばだった。そうして夜の通りを歩いていると、同じような丁稚に出会った。

正月とお盆の休みは、前の日から眠れなかった。夜明けに起き出して父のいる三ノ輪の家まで一時間ばかり歩いて帰る。正月にはあわせ、お盆にはひとえの木綿の着物をつくってくれ、お土産に砂糖一斤（六百グラム）をもたされた。そんな一日、浅草の映画館へ入ると八分どおり小僧か女中だった。「一杯三銭の赤飯」を二つ食べるのが楽しみだった。

その筆屋をとび出して父親のところに帰ると、そのころは「後家さんみたいな人と一緒に」なっていて、小さな一軒家を借りて住んでいた。そこには「はじめて、のうのうと三度三度メシの食える生活があった」のだが、一カ月も父のそばにはいないで、こんどは職人になるべく斎藤少年は山谷のタンス屋に住み込みで働くことになる。

しかし、そこでもすぐには仕事を教えてくれない。できあがったタンスを荷車に乗せて二、三人の同僚と配達に行くのが主な仕事。職人が四、五人いて配達がないときは彼らに頼まれて、たばこを買いに走らされたり、子守もやった。

「二年ばかり、そんな雑用させられましたかね。それから少しずつ仕事を教えてもらって……。私なんかおぼえるのが早かったんですよ。半年ぐらいで一人前になっちゃった。とにかく貧乏から逃れたい気持ちが強いから、一所懸命だった。同僚の中で一番に一人前になった」
十六、七歳でひとかどの職人になったというわけである。
建具師としての腕はよかったのだろう、そこから新宿角筈《つのはず》のタンス屋、向島の家具工場などに求められて働いた。

毎月一日と十五日が休みで「五十銭ぐらいの小遣いはもらえる」し、仕事も夕方には終わって六、七時に夕食になる。夏には夜店をひやかしに出て、そこで古本を買う〝余裕〟もできた。先に書いた『寸鉄』という雑誌を手にしたのもこのころである。

山谷にいたころ、祖父の家を何回かたずねたことを、斎藤さんはよくおぼえている。行くと祖父に連れられて寺に説教をききにいくのだが、「その雰囲気が好きだったんですねえ。家庭の味にうえていたということでしょう」

横浜にある、死んだ兄や姉の墓参りにもちょいちょい出かけた。

30　転機のきっかけに

十七、八歳のころだった、と斎藤さんは思う。山谷のたんす店に働いて一人前になっていたときだったから。

斎藤さんをたずねて、母親が仕事場にやってきたのである。再婚の相手と弟海三、それに義妹がいっしょだった。

「芝居だとねえ、ちょっとした見せ場ですけどねえ。そりゃあ、私にだって恨みつらみもある。どうして私だけ連れて行ってくれなかったのか……。でも、それはいま思うことでねえ、そのとき何も昔の話はしていないですねえ」

母親は再婚して調布に住んでいた。それから斎藤さんはその家へも遊びに行くようになるが、母親がどのようないきさつで仕事場を知り、たずねてきたのか、聞いたことはない。まもなく芝居の一座に入る斎藤さんは、この一時期を除いてほとんど母親と会うこともなく、昭和十二年の死去に際しては『土曜日』の弾圧で検挙され警察の留置場にいた。一時釈放されて刑事の付き添いで東京まで葬儀にかけつけている。父親が死んだのはそれより前の昭和十年、しかしこのときはそのことを知らず、葬儀にも行っていない。

「おやじに対してはいい感情をもっていませんでしたからねえ。手紙のやりとりもしていない。後で弟から知らされたんだと思いますよ」

弟海三は母親の元で小学校を卒業して「早稲田実業へ行ったはずです」。京王電車につとめ、その後兵隊にとられる前は深川の公設市場で酒屋をやっていたという。戦後、結婚して鶴見（神奈川県）で魚屋をやっていたが十五年前に死んでいる。この弟と、母が再婚して生まれた義妹とは戦後にもつきあいがあった。

斎藤さんが小学校のころ奉公に出た姉シズはその後、八王子で芸者になり、旦那がついて置屋を経営していたときが絶頂。大正の終わりから昭和の初め？彼女は母親より先に死んでおり、そのときは「女給だった」。再婚した母親の住む調布の家で息をひきとったという。斎藤さんは芝居の一座で地方回りをしたりしていて、知らなかった。

話を元にもどすと、一人前の建具師となった斎藤さんは、向島の家具屋の工場に引き抜かれる形で転職。この工場の長女が、新派の井上正夫一座の立女形《たておやま》、木村操の夫人だった。斎藤さんの転機のきっかけとなる。

ここで斎藤さんは、工場の創業者である隠居になぜか気に入られて、名ざしでちょいちょい部屋に呼ばれるようになる。そして「水戸黄門だとか忠臣蔵の何だとか、講談本を読まされるんです。だから木村操の妻君である長女とも顔見知りになっている。あるとき、明治座の芝居につれていってもらった。自動車で行くんですよ。車に乗ったのも初めてなら、一人前の芝居を見るのも初めてなわけです」。

31　すでに月給70円も

斎藤さんが働くようになった、その家具屋は相当盛大にやっていたようである。新派の女形で名を売っていた木村操の妻になっている長女の弟が店を切り回していたが、「役者の妻君になるには、よほど金がないと……ねえ。家具屋の工場の近くに木村操も家を建ててもらって住んでいました。後には料理屋をそこで開かせてやりましたよ」

斎藤さんが思うに、一代で工場を築きあげた、いまは隠居の身の父親にこの長女の協力が大きかったのであろう、そのために、店がうまくいくようになると、娘の好きなようにさせた。

この長女の縁で明治座に連れていってもらって、斎藤さんは初めて本格的な芝居を見る。

「新派でした。井上正夫や花柳章太郎、木村操も出ていました。たしか『人来鳥《ひとくどり》』というのと、もう一つは忘れました。山本有三の作だったと思いますよ」

明治座にあたってみると大正九年二月、山本有三「生命の冠」と瀬戸英一「人来鳥」が上演されており井上正夫、花柳章太郎、木下吉之助、藤村秀夫、木村操らが出演している。早稲田大学の演劇博物館で調べてもらったところ、この「人来鳥」は同一月に横浜座で上演されているのが最初であり、斎藤さんが見た「明治座の芝居」は大正九年二月のことと確定できそうだ。で、斎藤さんの年齢がこのとき数え年十八歳、満十六歳と四カ月だったことがはっきりする。いまなら高校二年生というところ。

その年ですでに「腕のいい職人だった」斎藤さんは、それからしばらくして元いた山谷のたんす屋に請われて（一人前に育ててくれたところなので）もどり、また、新宿の別のたんす屋に移ったりして一年あまりが過ぎる。

「いいかせぎをしてたんですよ。月に六十円か七十円もらっていた。普通のサラリーマンが四十円か四十五円ぐらいじゃなかったんですか」

それから二年たらずで斎藤さんは、木村操をたよって新派の世界に足を踏み入れることになるのだが、その間、二十歳前の青年が月に六十―七十円の給料をとっていたとしたら、相当のかせぎといわねばなるまい。

週刊朝日で連載された『値段の風俗史』によると、大正九年の小学校教員の初任給が四十―五十五円。公務員（高等文官試験に合格した高等官）の初任給が大正七年で七十円、大正十五年で七十五円となっており、この小学校中退の建具職人は十七、八歳で当時の大学出のエリート候補生と遜色のない給料をとっていたわけだ。

月二回の休みは映画や芝居をよくみたが、新宿でトンカツとカレーライスを食べ、母親のいる調布へ遊びにいくことも多かった。一個一銭の大福もちを二十個、これは弟や義妹へのおみやげ、それから肉のきりこみを買っていった。芝居の世界に入る直前には、斎藤さんは新宿角筈のたんす屋にいた。

32　明治座で芝居見物

斎藤さんが働いていた家具屋の長女が、新派俳優木村操の妻で、その縁から満十六歳のとき明治座の芝居を見に連れられていったことは、その後の斎藤さんの生活を大きく転換させる一つの要因になっている。

小さいころから芝居が好きで、役者にあこがれる気持ちもあった斎藤さんだが、それまで「浅草の公園劇場などで見るのが精いっぱいだったので、一流の舞台の印象は格別だった」。のちに歌舞伎座の楽屋に木村操をたずねて入門を申し出る直接のきっかけは、この芝居見物だったのである。

大正の初め「今日は帝劇、明日は三越」という名キャッチフレーズが生まれ、いまも広告コピーの永遠の傑作として語り伝えられているが、この宣伝文によって三越は高級イメージの定着に成功したといわれるほどで、当時の上流教養人の生活スタイルの一端をも示している。ここでまた『値段の風俗史』（朝日新聞社刊）を引いてみると、大正十年の帝劇入場券が最高十二円五十銭、歌舞伎座が同七円八十銭であり、そこまではないが明治座も（同年の資料はない）十二年の絵番付によると最高六円八十銭、以下六円、五円二十銭、二円八十銭、一円八十銭、八十銭の六段階の料金になっている（明治座宣伝部）。それにしても映画の入場料が封切館で三十銭という時代だから、前述のような奇縁がなかったら、斎藤さんが一人で明治座へ行くことはおそらくなかった。斎藤さんが役者の道に入るまで、あとにも先にも「本格的な芝居をみた」のはそのときの明治座だけである。

そうすると、職人としてそれなりにかせぎも上向き、どん底の生活から脱出する糸口をつかんでいた斎藤さんが、たとえあこがれの世界だとはいえ、役者の道に踏み切っていたかどうか。全く別の人生が用意されていたかもしれない。

映画、芝居をよく見、小さいときからけいこ事も好きだった、と斎藤さんはいう。しかし、斎藤さんのおいたちからして家庭でけいこ事になじむような生活はなかったはずなのだが「いや、それは初めて奉公した筆屋の娘が長唄を習いに行っていた」のを、小さい子の子守りをしながら、けいこ場の窓口に立ってきいているうちに「長唄の二つや三つ、宙《そら》でうたえる」ようになっていた。当時のちょっと余裕のある家庭では、娘にけいこ事を習わしたものだという。三味線やおどりなど芸事を身につけておけば、いざというとき一人で食べて行ける、という親心であろうか。そして、町内に一人や二人はそういう師匠がいた。

また、筆屋の奥さんは元芸者かなにかで清元を教えていて、主人にけいこをつけるときもあった。奉公先がそういう芸事になじむ家庭だったことが、斎藤さんの芸事好きに点火し高進させた、ともいえそうだ。門前の小僧、といった具合である。

33　花井お梅事件の事

突然だが、明治二十年（一八八七）六月九日夜、東京日本橋の大川端で待合酔月楼の若い女将花井お梅が、自分の家の番頭峰吉を出刃包丁で殺害した。この事件は、同二十一年四月に河竹默阿弥が「月梅薫朧夜《つきとうめかおるおぼろよ》」に脚色して中村座で上演したが、これとは別に新内《しんない》の五世富士松加賀太夫が、裁判記録をもとにした秋葉亭編「花井お梅」の一節を作曲、同二十一年三月に発表して好評だった。
この花井お梅を題材とした小説や戯曲はその後もあらわれ、大正八年には真山青果が、伊原青々園の小説から脚色した「仮名屋小梅」を、昭和十年には川口松太郎が「明治一代女」を発表して、それぞれ上演されている。また、お梅自身も明治三十六年特赦出獄後、自分の過去を舞台や高座で演じたという。（この項、『総合日本戯曲事典』平凡社刊による）
斎藤さんが生まれたのが、このお梅の出獄と同じ年であるから直接、この事件と同時代のかかわりはありうべくもないが、斎藤さんは少年時代に出会った事件のように生々しく思い起こす。筆屋に奉公している時だから十三、四歳のころ大正四、五年にあたる。「花井お梅」の新内節をレコードできいた。このレコードが五世加賀太夫によるものかどうかはわからないが、当時の新内がたりのトップは富士松加賀太夫と、その弟の宮古路宮古太夫であったという。斎藤さんの記憶によると、このお梅の話は当時の新聞でも実録ふうに連載されていたといい、この話でもちきりだった。

お梅は千葉の没落士族の家に生まれ、柳橋や日本橋で芸者をつとめてから浜町河岸に待合茶屋をひらいた。ところが、実父と不和になり、実父の肩をもった峰吉を憎んで刃傷沙汰に及んだのだが、一時の激情にかられて出世の足場を踏みはずした女の一生を、前途をひらく何らの糸口も見えない奉公の身の斎藤少年がどのように受けとめたか。ただ、斎藤さんはこのお梅の話を、いまもその事件と同時代に生きたような感覚で生々しく思い起こすのである。出獄後のお梅が自らの過去を演じながら役者と同棲していたこと、その最期のわびしくみじめだったことを、斎藤さんは新聞記事で読んだかのように語る。

レコードできいた富士松加賀太夫のかたりを、斎藤さんがじかにきいたのは、その後、明治座の舞台でだった。

「人来鳥の舞台でした。加賀太夫は舞台に顔をみせないのですが、そのかたりを聞いて、なつかしく思いました」

斎藤さんがいよいよ役者になるべく、木村操をたずねて歌舞伎座の楽屋を訪れるのは大正十年（一九二一）六月のこと、明治座の舞台を見てから一年と四カ月後である。数え年で十九歳。

34　満20歳の記念写真

斎藤さんにいま、どうして役者になろうとしたのか、ときいても「好きだったから」という以上の答えは返ってこない。また、他の話のついでのように「役者になれば、はなやかで体も楽のようだし、女にもてると思った」と、語ったりする。

そのとき、高校を出るか出ないかぐらいの年齢である。建具職人としての腕は認められていたとはいえ、財産も何の係累もない青年の前途に輝かしい展望があろうはずはない。しかも、物ごころのつくかつかないうちに、ただ食べるだけのために入った世界で、これから先、ずっと続くであろう下積みの生活を思うと、この美ぼうの青年が「役者」の世界に心を動かしたのはごく自然な気がする。

ここに一枚の写真がある。タキシード姿で、斜めにポーズをとっているのは若き日の斎藤雷太郎、その人である。

真っ白いそでカラーの手元、軽く結んでいる両手に目をやると、左手の小指には指輪がみえる。大スターのデビュー当時の写真かと思わせるようなこの一枚は、関東大震災をはさんで映画界に身を投じてまもなく、東亜キネマ時代に撮った。満二十歳のころである。

「スチール写真もあったのですがねえ、ちょっとかっこいいやつは女の子にやってしまって……。惜しいことしましたよ。これはどうして残っていたのか、よく残しておいたと思いますよ」

新派を経て映画界に入ったころの斎藤さん

ここには、役者の夢を見つづける青年がいる。斎藤さんにとって甘ずっぱい記念写真である。

斎藤さんが歌舞伎座の楽屋に木村操をたずねて、「役者になりたい」と頭を下げると、いとも簡単に「来月からおいで」ということになった。

斎藤さんは一年前、木村操の妻の実家である家具工場で働いていたが、その縁だけで相手にしてくれるとは思っていなかった。「そのころは服装で信用できるかどうかを決めたもの」だから、斎藤さんはいっちょうらの着物に絽《ろ》の羽織を着て出かけた。前にも書いたようにかなりの給料をとっていたし、「そのころ、私は道楽もないから、みんな貯金して、ちょっとした金持ちだった」ので、そこそこの格好はできた。「それで印象も悪くなかったのでしょう」。斎藤さんは身なりで弟子入りが決まった、と思っている。

大正十年（一九二一）六月の歌舞伎座は小栗風葉作、瀬戸英一脚色の「思い妻」がかかっている。伊井蓉峰、花柳章太郎、喜多村緑郎、河合武雄ら、当時の新派を代表する東西トップクラスが出演している。当時は盛んに「大合同公演」が打たれているが、新派劇のは明治三十年代から末にかけての全盛期を経て、状況としては衰退期にあった。離合集散を繰り返して上演がつづき、斎藤さんはまもなく新しい劇団に加わる木村操に従って関西へ向かう。

35　通行人役で舞台へ

河竹繁俊著『日本演劇全史』に次のような記述がある。

「大正から昭和初年への新派劇界は、語るべき多くのことがない。新派の史的意義は、明治をもって一段落したともいえるからである。とにかく、大正年代は、新劇と歌舞伎の挟撃に遭った形で、新派は甚だ振わなかった。やや極言すれば、昭和七年の伊井蓉峰死没直前の大合同を中興の点として、そこまでの二十年間は空白時代と言ってもいいのではなかろうか」と。

斎藤さんが役者を夢みて新派劇の門をたたいたのは、まさにその時期であったが、もちろん斎藤さんにこのような状況が見えたわけではない。

明治二十年代に書生芝居から発生した新派劇が、それまで唯一の演劇と誇っていた歌舞伎を圧して急上昇の人気を得たのは、それが現代劇として通用したからである。「歌舞伎よりも写実的で近代的な、しかも分かりよく、庶民に受ける」という、いわゆる新派芸が作りあげられていった。

斎藤さんが生まれ育ったのはそういう時期であり、「金色夜叉」「巌窟王」「不如帰」「婦系図」などの名狂言が、いろとりどりの座組によって舞台にのぼった。一流の舞台に直接ふれることはなかったが、その人気や俳優の名声は芝居好きの少年の心の大きな部分を占領していた。

さて、木村操に入門を許されたものの、斎藤さんはしばらく〝待機〟をさせられることになる。そのとき歌舞伎座で公演した一座はそのまま大阪の中座へ行くのだが「月給をもらって、出番もなく遊んでいる役者をかかえていた」ぐらいだから、斎藤さんの加わる余地はない。

中座で合同公演が終わると、木村操は小織桂一郎と組んで新しい劇団を結成、京都の明治座（現在の松竹座）で旗揚げ公演をやることになり、斎藤さんも呼ばれる。先ほどなくなった柳永二郎（一九

役者になって半年たらずのころ、マラソンの恰好で舞台に出た（角座で）。前列左が斎藤さん

八四年没）が、まだ若手として加わっていたという。京都を一カ月で打ち上げ、十月からは大阪道頓堀の角座《かどざ》を中心に一年ちかく公演した。

「出し物は忘れましたけど、京都では通行人として出ました。弟子入りしたといっても何も教えてくれないですよ。ただ舞台を見て覚えるんですね。たまに通行人で出る以外は雑用ばっかりやらされた。それでもねえ、月給は二十五円もらっていたんですよ。入りたては十円か十五円ぐらいしかもらえないのが普通。私は先生の顔でもらえたわけですなあ。食べるのは劇団でまかなってくれる。二十五円はまるまる小遣いですから、豊かだったですよ」

直前まで、職人として月給六、七十円をとっていた人にしては、何たる恬淡《てんたん》さ。

36　開ける未来信じて

斎藤さんが二年足らずの修業で一人前の職人となり十五、六歳で、大学出のエリート候補生と遜色のない給料をとっていたことについて、もう少し説明しておいた方がわかりやすいと思うので、補足する。たんす職人は指物師《さしもの》の範ちゅうに入るが、斎藤さんによると、同じ指物師でも「箱屋」と呼ばれて一段低く見られていた。技術的にも板を組み合わせて一つのたんすに仕上げる作業は比較的、多様な技術の組み合わせを必要としないから「一生懸命やれば一人前の仕事ができるまで、大工ほどの日数はかからない」。二日がかりで仕上げると一人前の給料がもらえたが、斎藤さんは「欲と二人づれ」で、一日半で成しとげるまでに、そう長くはかからなかった。給料は出来高で支払われた。

芝居の一座に入って給料は三分の一ちかくになったが、あこがれの世界に入った満足感が、斎藤さんにはあった。こちらの世界には限りなく開ける未来があった。少なくとも斎藤さんはそう信じて役者修業に身を入れた。

といっても、だれが何を教えてくれるわけではない。とにかく舞台を見ることである。結果として新派の一座に属していた時期を通じて斎藤さんに役らしい役は一回も当たらなかったのだが、いくつかの演目についてはすべてのセリフをおぼえるまで見たという。また、ダンスを習い清元のけいこも積んだ。

「女の子をケツを追っかけたりねえ、くだらない時間も過ごしたけど、一生懸命の気持ちはいつもあったのですよ」

いつ、どこにいても、斎藤さんの生活態度は健康的な向上心に貫かれているようにみえる。斎藤さん自身、このことについて貧乏のどん底で少年時代を送ったから、少しでも上に行きたい一心だったと説明する。

師匠の木村操が一流の舞台に出ていること、その一座に加わっていることを斎藤さんは誇りに思った。千日前や新世界に出ている役者よりも、道頓堀の角座に通行人で出ている自分の方がエライんだという「見識をもっていたもんです」と、斎藤さんはいう。

一方、劇団の中ではバカにされまいとして精いっぱい背伸びして生きた。「何たって小学校中退では学力も何も問題以前です。役者のエライ人たちは、しっかりしたものを持ってるしねえ。木村先生は医者の資格があったということでした。英語もできる。そういう人に接するのは、こちらは初めてですよ」

劇団に入って「初めて文化の風に当たった」斎藤さんは、そこで脚本助手やライトマン助手の若い連中にも積極的に話をするようにして、労働組合の存在を知ったのもこのころのことである。賀川豊彦〔キリスト教社会運動家。神戸貧民街の伝道をへて、友愛会指導者となり、農民運動、消費組合運動に身を投じた〕の『死線を越えて』が話題となっていて、劇団の若い連中の影響を受けて斎藤さんも「わかってもわからんでも買って読んだ」。大正九年十月に刊行された同書は六十万部を売り、大正期のベストセラーだった。

37　伊井一座で働く

師匠の木村操は大阪道頓堀の角座を中心に一年ちかく公演、その後、伊井蓉峰一座の「婦系図」の小芳役でよばれることになり、斎藤さんもともに東京へ戻る。大正十一年（一九二二）の秋か十二年の初め。その舞台は横浜座だったという。木村操はまもなく病気で休演、斎藤さんは一座に残って働くことにするが、役者としてというわけにはいかない。一座の中堅メンバーだった大東鬼城、梅田重朝、南次郎の部屋付きとなって、もっぱら雑用をする。

「大芝居ですからねえ、なかなか役をやらしてもらうわけにはいかない。見よう見まねで、いくらかやらせればやれるぐらいの土台はできているんですがね。いつ、なんどき声がかかっても、ハイってやれるようでないといけないんですよ。これはやれるけど、あれはできません、というのではダメなんです。どんな役でも、そこそこやれるようになっていなくては……。それが心がけですね」

伊井蓉峰といえば当時、河合武雄、喜多村緑郎とともに新派の三頭目といわれる存在。その一座にいることが斎藤さんの誇りなのだから、そこでの下積みはさして苦痛でもなかったようだ。むしろ当然として受けとめ、下積みの役者の心がけを守っている。

しかし、伊井蓉峰自身、その最も華々しい活動期はすでに終え、新派自体が低迷期にあった当時のことである。当たり狂言の「婦系図」をもってきても、横浜座を湧かすということにはならなかったようである。（泉鏡花が明治四十年に発表した小説の劇化で、翌年十月東京新富座の初演では伊井蓉峰が早瀬主税を、喜多村緑郎がお蔦をやっている）

舞台裏では新派打開のための論議がつづいた。神田伯山（三代であろう）の講談「荒神山」の人気に目をつけて、これを瀬戸英一に脚色させたり、「アルセーヌルパン」を採りあげる試みが行われた、という。

『喜多村緑郎日記』が昭和三十七年、東京の演劇出版社から刊行されている。この中の大正十二年二月六日の項に、田中総一郎と話す。「新派は混沌としてきましたね」という。伊井は何かやるといって田中が書かせられることに荷を下ろされたのだが、「アルセーヌルパン」だという。

と、いう部分があり、斎藤さんの話と符合する。

同日記はさらに、「河合が名古屋の御園《みその》座へ出るという事、僕が大阪へ行くという風説、全く渾沌たるものがある。大阪の事は東谷にも田中にも語っておいた。東谷は切りと、新派の大頭が他へ行くという事を新派のために苦になるといっている。伊井はある信念を以って、新派――あるいは自分自身か――を維持してゆこうとする。河合は定見のなきものと思われる。ここに今のままで続けては新派の向上は覚束ないと考える」と、つづいており、当時の新派の状況がうかがえる。斎藤さんのかかわるところではもちろんないが。

38　決断直後に大震災

さて、伊井蓉峰の一座は横浜座を打ち上げたあと、東京の本郷座で「荒神山」と「アルセーヌルパン」を上演する。『喜多村緑郎日記』を照合すると大正十二年の春以降であろう。「アルセーヌルパン」では、忘れられない思い出が斎藤さんにはある。

第一シーンは舞踏会の場面。ところが、ダンスを上手に踊れるものがいない。演出家が斎藤さんに目をつけた。舞台の中央で目立つところに立たされた。大阪で木村操のところにいたころ、これも役者の勉強だと習ったダンスが役立ったのである。

「東京の連中は威張ってましたけどね、ダンスはできない、かつらは合わない。荒神山ではその他大勢もチョンマゲですからね。大阪から来た私らが一番うまかったんですよ。そんなことで、新参者だったけど、居心地は悪くなかった」

この年、斎藤さんは横浜で徴兵検査を受けている。大阪にいるころ憲兵隊に呼ばれて出頭すると、所在をつきとめるのに苦労したと言われたが、それ以上のとがめはなかったという。役者を志して大阪へ出ていらい居住手続きもちゃんとしていなかったからである。横浜座に出ているときを利用して受けた徴兵検査の結果は、第二国民兵。終戦前の一年間ばかり、軍属として徴用されるまで自由の身であった。

その年の八月、一座は帝国劇場に出ていた。病気の治った木村操が大阪へ行くことになり、斎藤さんにも声をかけてくれたが、なんでも大きな舞台で修業しなければダメだと思っていた斎藤さんは、それを断った。

「それが若気の至りだねえ。先輩に相談すれば行くようにすすめてくれたでしょうが、こっちは何でもエライ人のそばに居れば、よくなると思ってねえ。本当はそうじゃない。働く場所は中ぐらいのところが一番いい。あんまり大きいところへ行ったら何にもさせてもらえないんですわ。ところが、そんなことは後で考えることで、そのときは体裁ばっかり考えてねえ」

そして、斎藤さんは伊井蓉峰に弟子入りをたのんで、門下となった。八月の末である。九月からは新富座でやることになっていて、その舞台げいこをしていた、という。

ところが、この斎藤さんの〝決断〟は、そのために東京に残って関東大震災に出遭う。大正十二年九月一日午前十一時五十八分。そのとき、斎藤さんは東京・三ノ輪の父が住む借家の二階にいた。一座が東京にいるときは、そこから通っていたのである。

39　伊井一座を離れて

関東大震災による倒壊、焼失家屋は十三万五千戸におよび、死者九万一千余人。朝鮮人暴動のデマが流され、日本人の自警団によって各所で多数の朝鮮人が殺された。また、大杉栄ら社会主義者と目された数名が警察、憲兵によって殺された。

一方、鉄道をはじめとする交通や通信や途絶し、東京の新聞のほとんどが休刊に追いこまれ、都市機能は完全にマヒした。焼けだされた被災者は、宮城前広場や上野、日比谷、芝などの公園に殺到、上野公園だけでも一時、五十万人がひしめいたという。

斎藤さんはこの大混乱の中でどうだったか、というと「それがねえ、大したことなかった。家もつぶれず、騒ぎにも巻き込まれなかった」といい、この大正十二年九月一日のことは、意外なほどあっさり素通りするのである。

斎藤さんが居た三ノ輪はかつて、永井荷風の『濹東綺譚』で知られる玉の井のような私娼街だった。玉の井の私娼街は三ノ輪から移ったのだそうで、斎藤さんの父親はそのあとの、女たちの住んでいた二階長屋の一軒を借りていた。「ですから、部屋をたくさんとるために、柱がいっぱい建っている。それで、地震に強かったんですなあ」ということになる。

そうして、斎藤さんは大震災をくぐりぬけるが、東京での興行の根拠地はなくなり、役者は失業状態である。父親のもとでブラブラしているわけにもいかないので、斎藤さんは震災前に弟子入りを許されている伊井蓉峰を「向島の屋敷」にたずねた。伊井とて仕事はないわけだが、家の雑用をすることで置いてもらう。「兄弟子と私と、番頭のようなのがくっついていました。そこで半年ぐらい、まあ居候のようなもんです」

年があけると伊井は、麻布の小さな劇場に出る。東京の復興がすすむとともに、庶民の娯楽に対する欲求も強く、劇場はいっぱいになったが、「小さな小さな小屋ですから、商売にはならない」というわけで、やがて伊井蓉峰一座は全国行脚へと旅立つ。新潟、静岡、浜松、名古屋、大阪、神戸、博多、長崎……と全国をまわった。が、かつての名声もいまは届かずということか、それは侘《わび》しい旅役者の姿にも似たものだったようだ。この旅の途中で、斎藤さんは「体をいためて」一座を離れるが、それだけが理由であったかどうか。そのまま、斎藤さんは一座にもどることなく大阪へ向かう。あてがあったわけではない。かつて伊井一座が大阪の大舞台で公演するとき泊まった下宿屋に行ったということは、やはり「大芝居」への強いあこがれではなかったのか。旅役者の伊井蓉峰に対して、斎藤さんは見切りをつけたのではなかったろうか。

が、大阪で仕事があるわけではないのだから、下宿屋にゴロゴロしているうちに、たちまち財布は底をついた。

第3章　映画界の片隅で

40　にわか小屋の芝居

伊井蓉峰の一座で果たし得なかった役者への夢を追って単身、大阪へ出てきた斎藤さんは「いま考えたら愚かな話ですけどねえ」、一カ月ばかりただゴロゴロして過ごした。そのうち「一日一円」の下宿屋の払いも底をついたころ、斎藤さんにとって耳よりな話が持ち込まれる。

下宿屋は難波で今の南海電車のターミナルあたりだったという。向かいが秋琴亭という料理屋だった。そこに伊井蓉峰の弟子だった男が婿養子として入っていて、その縁で、斎藤さんを帝国キネマの俳優、伊藤淳兆にひきあわせてくれる、というのだ。伊藤も伊井一座にいたことのある俳優で、一足はやく映画界に入っていた。が、伊藤のところに行くにしても、下宿屋に借金がたまっていた斎藤さんは、このとき、後にも先にも初めて、縁者に借金を申し込むのである。

「姉が八王子で置屋をやっていて、景気のいいころでしたからね、帝キネに入るといって、ウソをついて三十円の無心をしたんですよ。あとで聞くと、姉はしぶったのだが、親父があいつには苦労させたから最後の一ぺんだと思ってきいてやってくれ、と口添えをしてくれたらしい。三十円送ってくれました」

それで下宿屋の払いを済ませた斎藤さんは、伊藤淳兆のところに転がり込む。まもなく、正月という時期だった。

正月には伊藤の友人の役者たちが、住吉神社などで初もうで客を目あてに、にわか小屋で芝居を打つという話が持ち込まれた。彼らの小遣いかせぎなのだが、伊藤はこの話を受けて斎藤さんを「大芝居にいた奴」ということで高く売り込んだらしい。

「ところが、ダメなんですね。そういう連中は小芝居でやってるから達者なんですよ。くちだてといってね、本も何もない。本番前にただ、ああしてこうして、ここでミエを切る、とか簡単な打ち合わせをするだけで舞台に出る。私はそういうの、やったことがない。向こうは期待してたんですけど、うまくやれないんですよ。一週間ほどやるわけですが、終わりのころ、あんたねえ、何ができるんや。あんたの好きなもの出せ、ということになった」

斎藤さんにいわせると、芝居の格がちがう、ということになるのだが、伊藤淳兆から「できる奴」として高く売り込まれた連中にしては、とにかく元をとらねばならないということだろう。ところが、何ができるといわれても、斎藤さん自身がやったものはないのだから得意も何もあったものではない。それでも意地があるから、そのとき斎藤さんがとっさに答えたのは——「父帰る」の弟（新二郎）役だったら……。

菊池寛のこの作品は大正九年十月、新富座において市川猿之助の春秋座によって初演されていらい好評を博し、その後もいろんな舞台で上演され、斎藤さんも全部のセリフをおぼえるぐらい見ていたのである。

41　「乃木劇」の一座に

それならやってみろ、ということで早速、翌日の昼には「父帰る」の本読みに入る。ここでは斎藤さんのペースだ。にわか一座の中には、芝居好きの素人（そういう人は自分で金を出して入れてもらっている）がいて、その一人に達者なのがいた。彼が兄の賢一郎役で、斎藤さんの新一郎とは何とかかみあうのだが、あとの父、母、妹をやる役者は「例のくさい芝居でねえ、やたらミエをきるような……たんから芝居〔田舎回りの三流芝居の俗称〕なんですよ」。が、ここでは斎藤さんが指導役だから、他の連中が合わしてこなければならない。

「それで、何とか面目をほどこしましたがね」

そんなことがあって程なく、こんどは「乃木劇」をもって各地を回っていた山田好良の一座にはいる。乃木劇を説明する前に、乃木（希典）について『広辞苑』から引いておく。「陸軍大将。日露戦争に第三軍司令官として旅順を攻略、奉天の会戦に従った。後に学習院長。明治天皇の大葬当日、赤坂の自邸に殉死」で、乃木劇だが斎藤さんの説明によると、日露戦争のあと、戦死した田舎の兵士の家を乃木大将がたずねる、という設定。次のようなシーンが見せ場となる。

日露戦争で息子をなくしたおばあさん（山田好良が演じる）が墓の前で泣いている。そこへ乃木大将が通りかかると、居合わせた娘が、おばあさんの境遇を乃木大将に説明する。このおばあさんは毎日のようにここへ来て泣いている、かわいそうで、かわいそうでなんねえだ……と。すると乃木さんがおばあさんをなぐさめ元気づける。

この娘役の役者があるとき、一座から抜け出して、後ガマに斎藤さんが抜擢される。

「山田好良は道頓堀の舞台にも出ていた役者ですからね、うまいですよ。私の芝居を、おばあさんの山田好良がね、芝居では泣きながら、ジロッと下から私をのぞきこんでいる。こいつ、本当にやれるのかな、ってわけですね。私が（節をつけて）かわいそうで……かわいそうで……と、まあ、セリフをためてやると、よかったんですよ。みんな、それほどうまくやれると思ってなかったので、びっくりした。私も生活がかかっているから、真剣でしたよ」

斎藤さんの〝芸〟が認められた話をもう一つ、紹介しよう。

後に映画界に入ってからのことだが、何人かでラジオを聞いてるシーン。斎藤さんは机の上においた手で（ラジオから音楽が流れていると想定して）リズムに合わせるように拍子をとっていた。カメラをひくと、この手の動きが大いに効果をあげて、若手の助監督から「まあ、しんぼうしなさい。いずれ……」と、その小さな芸を認められるとともに不遇の身をなぐさめられた。

こういう話をするときの斎藤さんの、誇らしげな表情といったらない。その世界に住んだ人間でないと、斎藤さんの心情はわからない気がする。

42　映画に初めて出演

山田好良一座の「乃木劇」はどこでも結構、人気があった。愛知や三重県内をまわり、大津の「波止場の近く」（浜大津に小さな劇場があったのだろう）や、京都伏見にもやってきた。が、一年ちかくで一座は解散、斎藤さんは大阪にもどって伊藤淳兆のところで居候の身となる。

山田好良がどんな経歴の役者だったかはわからない。斎藤さんによれば「新派でそこそこ、いいところに出ていた」ということなのだが、この時期「乃木劇」をもって各地を回っていたというからには、すでに大舞台からは遠ざかっていたわけだ。言葉は悪いが〝食いつなぎ〟のための一座だったのだろう。斎藤さんにとって、それなりの役が回ってきて、一座の中ではちょっといい顔もできたが、

東亜キネマ時代に撮った映画（作品名は不明）。左から２人目が斎藤さん

当初の役者への志がとげられるような客観情勢はどこにもなかったのである。

まもなく、伊藤淳兆のところに西ノ宮甲陽園にあった「東亜キネマ」から声がかかり、斎藤さんも誘われて行った。いよいよ映画界に足を踏み入れる斎藤さんの軌跡にしたがって、この記述も芝居の世界を離れて映画の方に移っていかなければならない。

斎藤さんが、映画初出演した作品は賀古残夢監督「盲目の使者」だった。キネマ旬報別冊・日本映画作品大鑑の大正十四年の項に次のように記載されている。

——東亜甲陽作品・原作・松山美登、監督・賀古残夢、撮影・川崎喜久雄、出演・荒木忍、中川芳江、歌川るり子、谷幹一（六月十九日大阪第一朝日劇場封切、六巻）

話は、西南戦争において薩南の志士に包囲された熊本城から、小倉の乃木少佐に援軍を要請するため密使を立てる。この青年（荒木忍）が主人公で、薩軍の警戒線を突破するために盲目を装い……あとは大立ちまわりあり恋あり、波乱万丈の物語。ところが、斎藤さんの記憶によると当初、西郷隆盛の役者を求めていた賀古監督の意を介した人を通じて伊藤淳兆のところに話がきた。しかし、伊藤の体格が監督のイメージとちがって、本が書き直されたのだという。

斎藤さんはこの初出演でいい役をもらっている。薩軍に連隊旗を奪われる乃木軍の旗手役である。そこで、申し訳ないといって切腹しようとする斎藤さんを、谷幹一が扮する乃木少佐が「待て」と、手をつかまえてとめる。この場面はスチールにとられて、映画館の前に飾られたこともあるという。

「いまから思うと一世一代の記念になる写真だったのに……。喫茶店の女の子にやってしまって、手元にないんですよ。一代の失敗です」

この初出演が機縁で、斎藤さんは東亜キネマで働くことになる。

43　野心家たちの策謀

斎藤さんが東亜キネマに入るきっかけになった伊藤淳兆という人の名前を、キネマ旬報別冊・日本映画作品大鑑で探していたら、二つの作品の主演者として見つかった。いずれも大正十四年（一九二五）の帝キネ蘆屋《あしや》作品である。

山下秀一監督「久遠の囁き」で里見明、鈴木信子らとともに、そして、古海卓二監督「三人の道化者」では関操、伊志井寛、宮島健一、紅沢葉子らと。封切りはそれぞれ一月十四日、三月十二日となっていて、伊藤の名はその後にも先にも見当たらない。斎藤さんの軌跡と重ね合わせると、伊藤は

東亜キネマ時代の斎藤さん（左）。作品名は不明

帝キネで「三人の道化者」を撮ってまもなく、東亜キネマに移ったことになるが、映画界でとくに目ぼしい活躍をした人ではなさそうだ。

この時期、日本の映画製作は関東大震災によって、東京から京阪地区にその拠点を移し、映画演劇人のほとんどが西下。新派の伊井蓉峰門下だったという伊藤も、おそらくその一人だった。同時に映画の大衆化が急速に定着した時期とも重なって、大スターとは別に俳優の需要も一時に高まっていたのである。だから、少しの演技経験も重宝がられた。斎藤さんが映画初出演で、無名ながらスチールに撮られるような〝優遇〟を受けたのも、映画界のそのような状況の中でであった。

斎藤さんが思うように、一つひとつのたしかな演技の積み重ねによって、無名の俳優が地位を築いていける可能性は、当時の映画界に期待するのが無理だった。

それまで日活、松竹によって固められていた市場が突然、すべての人に解放されたことによって、映画は新興産業としてにわかに活気づくが、まだ経済的基盤も方向も定まらない間隙をねらって、野心家たちの策謀がまかりとおる。ヤクザまがいの人物が小規模の映画会社の乗っとりや合併を画策していた時代である。

帝国キネマと東亜キネマは、牧野省三のマキノキネマをめぐる争奪戦に巻き込まれ、策謀家の暗躍する舞台となった。このなかで多くの映画従業員は、離合集散に身をさらされることになるが、伊藤淳兆が帝キネをやめたのは時期的にみて、未熟な資本家たちの反目の中で起こった争議のありだったと考えられる。そして、斎藤さんが伊藤に誘われて映画の世界に踏みこんだとき、東亜キネマはいわゆる帝キネ旋風で多数の監督、俳優を引き抜かれたのが響いて、低迷を続けていたのである。

当時の映画界、とくにマキノ、帝キネ、東亜の成衰をめぐる映画界の動向は、斎藤さんのその後の流転の映画人生と切り離せない関係にあるから次回以降、田中純一郎著『日本映画発達史』を下敷きにしながらしばらく追っていく。

伊藤淳兆にしても、彼に誘われて映画の世界に踏み込んだ斎藤さんにしても、新興の映画事業に巣食う野望家の思惑に振りまわされた犠牲者の一人だったようにもみえる。

44　「籠の鳥」大当たり

関東大震災後の、映画の爆発的好況ぶりを示す次のようなデータがある。内務省調査の全国映画館数の比較によると、

大正十二年度　　七〇三館

大正十三年度　一〇一三館

つまり、震災後は一年間に三百十館の映画常設館が増えている。「あの大異変を契機として、人心のうつりかわりが、経済や、思想の上に、活発に反映し、民衆のすべてが文化的に解放され、自由な新生活を欲求しはじめた当然の現象であり、これに対応して、映画がいみじくもその欲求を満たして行ったためである」（田中純一郎『日本映画発達史』）

また、警視庁のフィルム検閲数の比較では、

十二年度　四一四万フィート

十三年度　八一七万七千フィート

映画館の増加はまた、上映映画の増加を生んだ。京都を中心に小資本のプロダクションが続出したのもこのころであり、震災によって日活、松竹が撮影所を京都に移したため、日本の映画製作はこの時期、京阪地区に集中した。大正十二年（一九二三）の秋からであるが、このころから日本映画は「革新期から成長期への過程に入り、多くの秀れた作家を生み、昭和四、五年頃のトーキー勃興期までの間、絢爛たる無声映画黄金時代を形成した」（同）が、同時にこの〝夢の工場〟は、映画芸術にかける多くの映画人とは同床異夢の野望家が暗躍する舞台ともなった。

震災前からの、大阪における唯一の映画会社である帝国キネマは東京の現代劇部を解散して小坂、蘆屋のスタジオに集中、大打撃を受けた日活、松竹の製作減退に乗じて、いちはやく新時代への対応を整える。従業員の数もふやし、松竹の脚本部にいた伊藤大輔を迎えるなど製作スタッフも充実。大正十三年五月には伊藤大輔監督の「酒中日記」を世に出し、また十一月には同監督の時代劇第一作

「剣は裁く」が生まれている。

田中氏の著書によると、しかし、この時期に「剣は裁く」のような名品ができたことは奇跡に近かったとされるほど、撮影所の製作能力は低下していた。

それより前、帝キネの重役として立石駒吉なる人物が入社、この男は元総会屋でマキノキネマ、東亜キネマ、帝キネを一つの会社とし、これを日本映画の二大勢力である日活か、松竹いずれかへ合併させるという野望をもって、まず東亜キネマへマキノを合併させることに成功していた。そして、次には帝キネの株一万株を買って東亜キネマから三人の重役を送り込もうとし帝キネの経営者もその気になったが、現場の製作者たちの猛反発を食い、結果は立石が個人として常務におさまったのである。

その直後に、帝キネ創業いらいの大当たりをとった「籠《かご》の鳥」（監督・松本英一）がつくられる。大正十三年八月封切のこの作品は製作費の百倍以上の利益をあげたというが、ここにその後の帝キネを荒廃に導く芽があったのだからわからない。

45　荒れる帝キネ旋風

逢いたさ見たさに怖さも忘れ、暗い夜道をただ一人……

大正十二年から十三年にかけて流行した小唄を、題名およびテーマソングにした映画「籠の鳥」のヒットは、たちまち他社の追随するところとなり、同じ大正十三年に「新籠の鳥」（日活京都）や「小唄集」（松竹蒲田）などの作品がつくられている。

スクリーンの片隅に街の唄姫が登場し流行歌をうたうこと自体、活弁時代の映画館では呼びものの一つとなった。

「籠の鳥」で予想外の利益を得た帝キネ経営陣の中で、新参の常務立石駒吉は、この好機を逃さず社業の拡張を迫る。彼はかねてからの野望である帝キネ東亜合併をここで一挙に推し進めるべく行動を起こすのである。

立石の作戦は、まず東亜キネマの製作陣を壊滅に陥れることだった。そして、東亜の主体となっている旧マキノ俳優阪東妻三郎をはじめ、好遇を条件に従業員の大量引き抜きを行った。この帝キネ旋風、というより立石の策謀によって東亜キネマの二つの撮影所（西宮・甲陽園、京都・等持院）は壊滅に近い状態になった。マキノ東亜合併（大正十三年六月、この仕掛人も立石である）から四カ月後のことだから、ずいぶん荒っぽい話だ。立石はさらに日活、松竹にも働きかけ多数の人気俳優を入社させたが、薄給と悪条件の中で働いてきた帝キネ従業員と、彼らの数倍ともいう条件で入ってきた他社系の俳優、スタッフの間には当然の反目が生まれる。撮影所は不平不満の声のうずまくところとなり、製作能力は低下する。

伊藤大輔監督「剣は裁く」（大正十三年十一月）はこの時期につくられた秀作の一つだが、それはむしろ例外だった。

以後の帝キネの状況は、田中純一郎氏によると「多くの製作映画は旧態依然として、何の新し味もなければ、これという冴えた試みもない。〔中略〕人気はさっぱり上らない」といった具合で、加えて肝心の阪東妻三郎は姿をくらまして行方不明。大宣伝で帝キネ映画と契約した各地の映画館も翌十四年には相次いで他社へ走った。こうなると経営陣の対立が表面に出てくる。待遇上の不満をもつ旧来の帝キネ派の反乱、ついには撮影所閉鎖、全員解雇へといくのにそう時間はかからなかった。嵐のような帝キネ旋風が吹き荒れて半年、紛争の結末は同社小坂撮影所の閉鎖、従業員四百数十人の解職であった。他社から引き抜かれてきた五月信子、葛木香一、水島亮太郎、鈴木歌子、森静子らもこのとき同じ運命をたどり、それぞれ四散する。

斎藤さんが、伊藤淳兆に誘われて東亜キネマにいくのはこの事件のあとである。次回は東亜の創業と経過にふれることにする。

46　マキノ映画の人気

東亜キネマというのは、『日本映画発達史』（田中純一郎著）の記述に従うと、八千代生命保険会社が、社業宣伝の映画製作を目的として大正十二年（一九二三）十二月、阪神沿線甲陽公園に設立した甲陽キネマ撮影所を買収し創立された。そして、翌十三年四月までに甲陽に約百坪のグラス・スタジオ（照明設備の貧弱な当時、自然の光をとり入れるため）を増築、製作スタッフも整える。

当初は八千代生命の宣伝映画をつくっていたが、そこへ立石駒吉の、マキノ買収案が持ち込まれ、ちょうど東亜経営陣は興行映画に手をのばしたいと考えていたので話がつくのは早かった。そして、京都・等持院のマキノ撮影所は東亜キネマ時代劇部スタジオに、甲陽撮影所は現代劇部スタジオをとして〝新東亜〟が発足。牧野省三が両スタジオを監督する体制を敷いた。

この合併によって、東亜はマキノ系統の上映館百五十を得るとともに、人気の高いマキノ映画のスタッフを傘下に入れ、活気づく関西地方での映画製作の一翼に加わった。

ここで〝日本映画の父〟と呼ばれる牧野省三について少しふれると、日活の創設者である横田永之助の誘いで映画界に入った彼はそこで目玉の松ちゃんこと、尾上松之助を人気者に育てあげた。が、常に映画の革新を志す牧野は、人気におぼれて進歩を忘れた松之助とたもとを分かち大正十年（一九二一）九月、等持院の境内を借りて撮影所を建設、マキノ映画製作所の看板をかかげる。彼のまわりには一貫して行動をともにした金森万象監督や、シナリオ作家の寿々喜多呂九平もいて、このコンビによる「浮世絵師―紫頭巾」（大正十二年七月封切）は、新しい時代劇映画の誕生だといわれた。

マキノ映画撮影所は大正十二年十一月、マキノキネマに発展するが、この時期「燃ゆる渦巻」（監督・沼田紅緑、大正十三年一月封切）で初めて主役を得た阪東妻三郎が、新しい時代のスターとして着実に階段を上り、やがて松之助にかわって人気の頂点に立っていく。この過程で東亜との合併が行われる。九月には東亜等持院で阪妻主催の「逆流」がつくられているが、まもなく、前回でふれた帝キネ旋風が吹き荒れ、多数の監督、俳優とともに阪妻も東亜を去る。しかし、帝キネでは阪妻の主演映画は一本も作られておらず、大正十四年（一九二五）二月に、牧野のもとで「影法師」（東亜マキノ等持院作品）に出演、つづいて「恋と武士」「墓石が鼾する頃」「三人姉妹」などで、不動のスターの地位を築いていった。

阪妻人気とともに、マキノ映画はファンの圧倒的支持を得ていくが、この間、マキノと東亜の間には種々の問題が起き、新国劇映画「月形半平太」（大正十四年五月）の配給問題をめぐって、牧野は東亜キネマを退社、その後の東亜作品は低調をつづけた。

47　一ファンの手記から

斎藤さんが東亜キネマ（甲陽撮影所）で初めて、映画出演したのは先に書いたように賀古残夢監督の「盲目の使者」である。キネマ旬報の一九二五年（大正十四）五月十一日号に撮影開始の通信記事が出ており、封切りは同六月十九日。東亜キネマにとってこの時期は、いわゆる帝キネ旋風による監督、俳優の大量引き抜き、さらには牧野省三も去った直後であり、いわば低迷期だった。

このころの映画会社、俳優らの動向について一ファンの立場でつづった資料を、京都市在住の八十六歳の老人からいただいたので、関係部分を次に引用する。この老人の紹介はそのあとで書く。〈　〉内は筆者〔中村〕注。

大正十四年五月ごろにマキノはついに本社〈東亜キネマ〉と分離した。それと共にマキノ系の人々が続々退社したので甲陽〈撮影所〉はなんとなく淋しく感じられていたころ、加藤精一（映画界ではなじみが浅いが、新劇実演界では一方の雄）山田隆弥（岡田嘉子の夫君）森英治郎（出雲美樹子の夫君）佐々木積、林幹、宮島啓夫、夏川静江、出雲美樹子などが入社した。そして佐藤紅緑氏原作「潮」を時代劇に改作したり、谷崎潤一郎氏作「お艶殺し」他を製作したが、何日の程にか〈この人たちは〉退社して、そのうち宮島啓夫ばかりがとどまりました。古参の高田稔、絵島千歌子は退社し、根津新は監督に残る。俳優は本間直司、竹〔武か〕村信夫、石川秀道、宮島健一、五味国男、宮島啓夫、若松茂、また女優では綾小路雅子、露原桔梗（宮島啓夫の妻君）千種百合子をはじめ、古参の中村園枝、青山万里子、横笛久子、一色勝代、園その子、上村節子などであります。監督も新進が居て以前の顔ぶれが変わっている。

斎藤さんの東亜（甲陽）入りはそうした時期にあたり、それから一年ちかく居たが、この間、めぼしい作品は見当たらない。

ところで、この大正期の映画の記録をもっぱら会社の動向と、スタッフの離合集散の面から克明なメモを残していたのは、小森常次郎さん＝中京区西ノ京永本町＝であり、明治三十一年生まれ。生家は西陣の織屋で、小さいときから芝居や映画に親しんできた。その折々に書き残したメモを、青年時代に原稿用紙にまとめて、今では紙自体が変色しているが宝物のように保存しておられる。

おそらく、だれかの目にふれることを目的にしたものではないだろうが、根っからの芝居、映画好きがそうさせたのだろう。一ファンとして、京都の市井でつづられていた一つの映画史として珍しい資料だと思うし、また、斎藤さんの軌跡を重ねあわせる下敷きにもなると思うので次回からしばらく紹介をかねて引用する。

48　会社、俳優の動向

前回で紹介した小森常次郎さん（八六）＝京都市中京区西ノ京永本町＝の資料によって、斎藤さんが映画界に入る前後の、京阪の映画会社、俳優等の動向を書く。これまでの記述と重複するところも出てくるが、これは斎藤さんとほぼ同時代の映画ファンが書きとめたものとして、そのまま引用してみたい。東亜キネマから始める。

東亜キネマ株式会社　大正十二年創立。わが国保険会社中での新進、八千代生命の重役連が、主として出資者です。そんな関係で本社の首脳部に携る人も、映画製作業として素人が多い様でした。まず撮影所を兵庫県甲陽公園内に設け、甲陽スタジオと称した。

かくて創立当時の俳優はまず、伊東一夫（後の保瀬薫）井上麗三、梅田重朝（新派劇界では相当知られている人〈斎藤さんが伊井蓉峰一座にいたときの中堅メンバー＝37回参照〉）、根津新（映画の古参）、高勢実（映画に古く後の相馬一平）、高田稔、吉川英蘭（二人ともオペラ出身）、速見稔などの男優に、歌川るり子（オペラ出身）、絵島千歌子（以前の新劇女優東八重子）、中川芳江（映画に古く京都大正座＝後の新富座＝などで実演していた人）吉井郁子らの女優が活躍していました。また、その他に帝キネより佐藤紅緑、日疋重亮らが早くより入社して、甲陽スタジオ内に東亜映画俳優研究所を設け、新進スターの養成につとめていた。しかし、これも種々の事情で永続しなかった。その後に新進の人々が入社して、次から次へと製作に努力していたが、当社の作品はなぜか、一般ファンに称賛されていないのである。

合併（マキノと）に前後にし甲陽に属した俳優は前記の他に、明石潮、小島陽三、御園晴峯、宮島健一、竹〔武か〕村信夫、牧実、本間直司、白崎菊三郎、谷幹一、津村博、鹿島陽之助、杉狂児、石川秀道、荒木忍、横山運平、都賀清司、環歌子、一色勝代、柳みほ子、青山万里子、上村節子、金谷種子、明雪江、中村園江〔枝か〕、園その子、山本日出子、横笛久子、水野美子、郡光子らです。

甲陽スタジオ創立以後、マキノと合併されし前後までの作品を監督していた主なる人は、賀古残夢、上月吏、山本嘉次郎、阪田重則、仁科熊彦、桜庭青蘭、曾根純三、山根幹人、古海卓二、井上金大郎

また、前記の所属俳優の他に当スタジオを利用して、新国劇一派が東亜入社第二回作品「恩讐の彼方に」を撮影したり、等持院の高木新平が冒険映画「帰って来た英雄」「争闘」など製作したこともあります。また、当所よりあの少年俳優の天才児、松尾文人（京浜の新派劇界の古老、松尾次郎の子）を映画界に出した。

49　牧野省三の離脱

（東亜キネマつづき）マキノと合併後の等持院撮影所について、

一方、等持院（時代劇部）スタジオは京都の洛西等持院境内にある。当所は元のマキノ撮影場でしたが、合併後に東亜キネマの京都等持院スタジオとした。そしてマキノ時代に当スタジオで活躍し、合併に際し甲陽へ移った人は宮島健一、竹〔武か〕村信夫、牧実、環歌子らで、少しおくれて本間直司、山本日出子などでありました。

一方、当所へ新入社の人は明石潮（以前各種のオペラ団の新劇部に加入したり、新声劇にも参加して剣劇に経験を有している人）、小島陽三、片岡紅三郎、市川小文治（東京の二流三流の劇場に座頭格で

出演していた）などですが、明石と小島は処女作映画「栄光の剣」他二、三に出演して甲陽に移った。

当時、等持院時代映画に出演していた人達は市川幡谷、阪東妻三郎、片岡市太郎、中根竜太郎、岩城秀哉、光岡竜三郎、瀬川路三郎、高木新平、月形竜之介、中村吉松、美浪光、市川花紅、関操、森静子、泉春子、岡嶋艶子、生野初子、マキノ輝子（マキノ創立時代に牧野恵美子として出演）などでした。そして監督もマキノ当時と大差なく、相変わらず時代劇映画で好評を博していた。

また、牧野省三氏の奔走で新国劇の沢田正二郎が一党を率いて当スタジオを利用して久米正雄氏原作の〔新国劇〕「国定忠治」を牧野省三氏総監督の下に撮影した（新国劇時代映画処女作）。この時などは東亜としては破天荒の大宣伝をしたものです。さて公開されてみると一般ファンの期待は見事に裏切られました。（ある一部の専門家の批評は知りません）それは沢正の得意であるべき大立回りの場面が、割り合いにきん少であったのと、総じて映画になれない演出ぶりが大なる原因だろう、と私は思います。それと前後して、例の帝キネの他社俳優引き抜き策に当初からも人気者が、帝キネへ馳せ参じたので市川小文治、名村春操、花園百合子（名村の妻、両人共にオペラ俳優なりしが、当時関西方面の新劇界に加入していた、当社で三、四本の映画に出演して退社し、古巣の五久郎一座に加入）、片岡市太郎、光岡竜三郎、月形竜之介、高木新平、岩城秀哉、武井竜三、美浪光、中根竜太郎、岡嶋艶子、泉春子、マキノ輝子、生野初子などが励んでいたが、なぜか以前の様な人気を独り集中することができなかった。

その後、ある事情で牧野氏は東亜と分離する。それは東亜としては大痛事であったであろう。俳優もたくさん退社し監督も牧野氏と行動を共にする人が出たので、東亜は等持院スタジオを閉鎖するかの様なうわさが一部に伝えられたこともあった。

50　等持院スタジオ継続

（東亜キネマつづき）牧野省三の退社後、等持院スタジオ閉鎖のうわさが流れたが、

しかし、うわさに反して東亜は当スタジオを継続して、大改革のもとに時代映画製作に突進した。そして日独合同大時代映画「武士道」〈大正十四年〉を製作した。当映画の監督は邦人は賀古残夢、独逸〈ドイツ〉人はH・K・ハイランド氏だった。主演者は明石潮、御園晴峰、本間直司、光岡龍三郎、市川花紅、阪東太郎、岡嶋艶子、華村愛子、カール・ラテング氏、ロー・ホール嬢などでした。ちなみに当映画は種々の故障で早速に封切りされず、後日に至りようやく公開されたものです。

その後、明石、岡嶋などが退社したけれども、そのころの当スタジオの俳優は市川小文治、片岡仁引（片岡島十郎の子、のち右衛門）、高木新平、田垣輝太郎、御園晴峰（関西実演界に出演）、高頭道太郎（のち阪東太郎）、光岡龍三郎（日活の葛木香一と兄弟）、太田黒黄吉（のち団徳麿）、市川花紅、馬駒子（大阪の解説者原天波氏の娘にして、マキノの初期に原美恵子と称して在社、その後松竹下鴨の四郎五郎一派に原駒子として入社）、生野初子（当時高木新平とうれしいローマンスが生じていた）、河合静子、水谷蘭子、華村愛子などがいた。そしてまた、帝キネや東邦映画へ浮気していた旧マキノ系の瀬川路三郎、横山運平、宮島健一（しばらくして甲陽に移る）らが復帰した。また、雲井龍之助

斎藤さん（倒れている人）が出演した東亜甲陽作品（作品名は不明）、左は竹村信夫

や片岡長正（日活退社後、琵琶にいそしむ）、山本日出子なども入社した。片岡はまもなく退社しマキノへ入社、桑島荘一郎と改名。

そのころは市川小文治はマキノへ行き矢野伊之助（山長〈関西新派の山崎長之輔〉全盛当時の一座にいた）などが加入して益々と内容を充実していきました。ある一部では東亜の時代映画はとかくの批難がありますが、他社に劣らず競演映画などを製作してよく奮闘を続けています。

このあたり、田中純一郎著『日本映画発達史』が、牧野省三の退社後の東亜等持院撮影所について「生彩を欠いたスタッフではどうにもならず、作品はいずれも低調を示した」としているのと対照的な見方である。

小森さんはこの項で、脚本家の前出胡四郎という人にとくにふれている。「彼こそ純粋の京都児で上京区翔鸞校卒業です。久しく甲陽に在りて佐藤紅緑氏の下で、研究された前途有望な青年作家です。数ある作品中『友禅歌舞伎模様』（現代映画にして甲陽作品〈大正十五年〉宮島〔啓夫〕、綾小路〔雅子〕主演）『剣闘』（時代劇にして等持院作品、光岡龍三郎主演）などが傑作でしょう」と。小森さんが西陣の織屋で見習い中の同僚であったという。のち松竹下加茂に監督として入社した冬島泰三である。

51 現代映画専門プロ

帝国キネマ演芸株式会社

大正九年夏期創立。当初は昔日の山川興行部（天活大阪支店長、山川吉太郎氏）が業務発展のため天活と分かれ〈社名を〉変更したようなもので、社長は松井伊助氏（当時北浜の株式界での巨頭株）で、専務取締役に山川氏が就任していた。そして業務は演劇と映画との二方面に活躍することにした。演劇の方面は大阪を中心として二、三流どころの劇場を直営していた。

映画の方面は例によって海外から優秀、大作ものを続々と輸入し、ことに大正九年（一九二〇）八月には英国映画界の強者ユニバーサル会社と特約するなど、すばらしい勢いだった。そして当社製作の映画撮影場を大阪市外、小坂村（天活当時にもあったと思う）に設備した。そして新派映画の出演者は、例によって天活当時よりなじみが深い久保田清一派（木下総三郎、朝霧実、青木芳美、吉富重夫ら）、大井新太郎一派（関真佐男、寺田健一、村尾一華ら）、熊谷武雄一派（花園薫、桜井武夫、原田好太郎ら）、伊村義雄一派が演劇の余暇に撮影しておりました。

また、旧劇〈時代劇〉映画は主として嵐璃徳一派で、日活の〔尾上〕松之助、国活の〔沢村〕四郎五郎に対抗して忍術物や、豪傑物を製作していたが、おいおいと映画の向上をはかり相当な優秀物を製作しました。その後、大正十二年の夏期に内容を充実し、以前からの監督、中川紫郎の手にて続々と名画を発表し、小坂映画の名を一層に輝かせました。改革当時の主なる俳優と作品は、嵐璃徳をまず筆頭に実川延若〔松〕、嵐徳太郎、嵐笑三、阪東豊昇、原君子、常盤松代（某軍人の未亡人）、潮みどり（常盤松代の娘）、市川百々之助、市川好之助、露国〈ロシヤ〉女優アンナ・スラバンナ等で、作品は「異端者の恋」「羅馬《らば》の使者」「深山の父娘」「水郷の唄」「落城の唄」などでした。

また、大正十二年の初夏に現代映画製作のために関西の蘆屋に撮影所を設備した。俳優は松本泰輔（先代天華＝奇術＝一行の新劇部にもいたことがある）、歌川八重子、中川芳江（ともに松竹より入社）、久世小夜子（久世亮らと新劇をしていた）、英一蝶などが主なる人で、監督に賀古残夢（松竹より入社）が努力していた。そして「森訓導〔鉄路の露〕」「彼女に抱かれて」「流浪の旅」「帰らぬ女」などはその当時の作品であります。

その後、帝キネの重役小田〈末造〉氏夫人、某（昔日の大阪花柳界の名妓の照葉）の主演映画も製作しました。

この作品は「愛の扉」で、大正十二年三月封切り。興行的にも成功をおさめ、これがきっかけで女形なしの現代映画専門のプロダクション（蘆屋）を設けることになった。照葉はのち祇王寺に入庵、高岡智照と改名、現在八十八歳。この春、波乱の人生を自ら描いた『花喰鳥』（かまくら春秋社、一九八四年）を出版して話題になった。

52　立石が「東邦」創立

かくして蘆屋映画もますます隆盛して来たので五味国男（映画に古く五味国枝の兄）、秋月邦武（日活初期の俳優）、浜田格、里見明、瀬川銀潮、小島洋々（ともに歌劇出身）、岩城秀哉、伊藤淳兆〈注〉、横山隆吉、瀬川鶴子、鳥羽恵美子、中川芳江、沢蘭子、鈴木信子、小池春枝、柳まさ子、玉置みち子、高堂国典、根津新、花形百合子が前後して入社した。

また、一方において映画製作の名監督、帰山教正氏が関操（米国に久しくいた）、久松三岐子（松竹キネマの初期にいた）、石田雍らの一行を率いて帝キネ東京派としてしばらく出演していたこともある。当時（大正十三年の夏期）の蘆屋派の監督には松本英一、伊藤大輔、若山治、深川久などがいました。

その当時、流行小唄の「籠の鳥」（佃血秋脚色、松本英一監督）を映画化しましたら突如、大評判となり映画界未曾有の長期興行を続けた。その後二、三の他社も「籠の鳥」を製作したが脚色において（ただしこれは一般の評）人気において到底、帝キネ作品の比ではありませんでした。そして当映画に主演した沢蘭子（宝塚少女歌劇にいた）は一躍にして、帝キネの女王のごとくに称される様になったので、つづいて「星は乱れ飛ぶ」その他にも主演していたが、いつか映画界に彼女の姿は見られぬ様になりました。〈中略〉

（帝キネつづき）

当社は「籠の鳥」で思わぬ収入を得たので、業務拡張すべく多数の俳優と監督の二、三人を他社

から引き抜きました。(但しこれは当社の重役たる立石駒吉氏が主唱された政略です)

このとき帝キネに入社した人たちは五月信子、正邦宏、鈴木歌子、葛木香一、水島亮太郎、福岡きみ子、原駒子、市川幡谷、横山運平、森静子らであるが、まもなく同社のお家騒動が起こり大正十四年春、立石が創立した東邦映画へ多数が移ったほか、帝キネ従業員は蘆屋派、小坂派と分離する。

〈注〉伊藤淳兆は先にふれたように斎藤雷太郎さんが映画界に入る機縁をつくった人だが、その後、大阪の安井栄治郎さん(八三)から教えていただいたことを追記する(安井さんは花柳章太郎の弟子でもあった人＝花井栄次郎と名乗っていた＝で、大正七年から昭和五年まで新派劇界にいた)。伊藤は伊井蓉峰一座で幹部俳優ではなかったが大部屋俳優としては一、二番手の人だった。帝キネから東亜キネマ、そして阪妻プロに移った。「脇役としてなくてはならない存在だった」と、安井さんはいう。

阪妻プロ・昭和二年の作品「凡人杉作」では主人公の漁夫杉作を演じている。当時の『キネマ旬報』によると同作品は、小沢得二監督、共演者に巴蝶子、富士谷子、近藤伊与吉らとともに後の名監督、稲垣浩が薬売りの役で出ている。

53　帝キネの分裂後

帝キネ分裂後の俳優の動向について、小森さんの記録にそって書きすすめる。この間、次のようなこともあった。

「帝キネの元老ともいうべき、はえぬきの嵐璃徳は同志の人々と共に、涙を飲んで退社して、自ら座長となり映画座（片岡仁引、松枝鶴子、常盤松代、潮みどり、浅尾関三郎ら）を組織して、実演で各地を興行しましたが予期していた程の成績が得られぬので種々の事情が生じ、短期間にして解散しました。また当社は当時来日中の支那名優、梅蘭芳（女形）を小坂に招き、彼の十八番物を撮影したこともあります」

帝キネ従業員はその後、蘆屋・小坂・東邦映画に分散するが、

蘆屋派は帝キネの重役石井虎吉氏が陣頭に立った。それに属する主要なる俳優は松本泰輔、瀬川銀潮、浜田格、高堂国典、横山隆吉、里見明、小嶋洋々、歌川八重子、柳まさ子、東京子、二葉菊子、沢蘭子、久世小夜子、笠置弥生、隅田満寿代、藤間林太郎（新入社、藤田まことの父）、海山政五郎（相撲出身）、高嶋幸郎、市川百々之助、東良之助、阪東豊昇、市川好之助、尾上楽三郎、岩井竹禄、市川瓢蔵、紅沢葉子、鈴木信子、園千枝子、阪東左門、小池春枝、片岡紅三郎、市川紅三郎、蘆屋桃子。監督では大森勝、松本英一、志波西果、長尾史録、古海《ふるうみ》卓二など。蘆屋独立第一回作品「御不動様」が封切されしは大正十四年四月のことです。

一方、小坂派には尾上紋十郎、片岡童十郎、瀬川路三郎、中村太郎、市川好右衛門、津守玉枝、泉愛子、尾上紋弥、嵐繁代、大月光子らが入社し、おいおいと〝小坂の時代劇〟として認められるようになった。そして、それを支える女優では霧島直子（築地小劇場や宝塚にいた）、小坂照子、富士日出子らがいた。

一方、東邦映画製作所（大阪）は、大正十四年春創立。

「例の帝キネのお家騒動が原因して遂に立石駒吉氏は、当社を設立しスタジオは小坂を使用する事にした。同時に入社した俳優は五月信子、宮島健一、葛木香一、関操、横山運平、正邦宏、伊志井寛、津守精一、水嶋亮太郎、森静子、原君子、鈴木歌子、原駒子、岡田時彦、千草香子らが主なる人です。また監督は伊藤大輔、細山喜代松、山上紀夫、小沢得二ら、その他技師長に枝正義郎がいた。脚本部には枡本清（日活の初期にいた）佐々木杏郎（松竹の初期にいた）らが麗筆をふるっていた。以上の人達に依りて完成されし作品は、四谷怪談（第一回作品）運兵正戦、メーフラワー号、恋愛三昧、信夫翁《しのぶおきな》、青空、その他が有ります。その中かなりの作品もありましたが、種々の事情で立石氏の夢も破れて、遂に同年六月中旬に至り解散したのは残念でした」

＊連載時の訂正　五十一回で実川延若とあるのは延松でした。

54　牧野省三の独立

マキノ映画のことに移る。大正十年、牧野省三はそれまでの仲間だった横田永之助（横田商会―日活）や、日活で自らスターに育てあげた尾上松之助と分かれて、独立する。以下、その時代に京都で映画の熱烈ファンだった小森常次郎さん（八六）の書きとめていた〝映画史〟にしたがう。

日活会社を退社された牧野氏は独立で洛西等持院の境内の一部を借り受け撮影所を設け、最初は牧野教育映画〔正確には牧野教育映画製作所〕として製作を続けていました。「舌切雀」「新竹取物語」その他を製作、主演者は関操などでした。その後普通興行物映画に手を出し、有田松太郎（のち市川幡谷、東京方面の二流劇場に出演していた）、片岡松太郎、片岡市太郎（映画に経験を有し牧野氏の一族）、吉富重夫（久保田清一座にいた女形）、花柳紫紅（女形にして、後の楠武夫）、阪東妻三郎（当時は無名の一俳優でした）などを招へいして「関守の情け」「生首の薄化粧」「紫頭巾」などを製作、その後は女形を廃し女優を重用するようになって環歌子（後の玉木悦子で元国活にいた端役女優）、森静子（無名だった）、山本日出子（本間直司の夫人）などを主演者の相手役に配し「鮮血の手形」「小雀峠」「燃ゆる渦巻」「〔怪傑〕鷹」などを相ついで製作して一躍、マキノの時代劇映画は当時のファンを熱狂せしめました。監督は御大の牧野氏をはじめ、日活在社当時より輩下たる沼田紅緑らがいました。

そのころは等持院の境内にスタジオを設備し、名称もマキノキネマ株式会社と改め〈大正十二年〉ていた。そして現代劇部をも設け、原作者には国活にいた志波西果を、監督には金森万象、衣笠貞之助（日活向島にいた女形）、井上金太郎（大活にいた）らを招き、俳優には日活向島でおなじみの横山運平、島田嘉七、宮島健一、藤川三之助の四人組をはじめ本間直司、関操、竹〔武か〕村信夫、月岡正美、高木新平、溝口末之助、藤井民治、桜井美佐男、牧実らの男優に、牧野恵美子（牧野氏の令嬢で後、マキノ輝子→智子）、郡光子、葉村綾子、巴瑠璃子、鳥羽恵美子、松村房子、瀬川鶴子、芳野純子、音地竹子、生野初子、山路芳子らの女優が前後して入社し「彼女の運命」「悩める小羊」「咽び泣く魂」「三つの怪事件」「旅愁」などを製作、現代劇の優秀さも知られた。

このあと大正十三年（一九二四）の夏に東亜キネマと合併、翌年には東亜と分離して、御室に新スタジオを新設、牧野映画製作所（のちマキノプロダクション）を創立した経緯は「東亜キネマ」の項〔第四十七・四十八回〕でふれたとおりである。

55　俳優など続々入社

東亜キネマと分離して、御室にスタジオを新設した牧野映画製作所（後にマキノプロダクションと改称）について、

俳優は月形竜之介（元よりマキノ映画にいたが、東亜時代に改名した新進）、マキノ輝子、中根竜太郎（オペラ俳優）、泉春子、岡嶋艶子（松竹キネマで成長した人）、岩城秀哉（帝キネにいた）、坪井哲、高松錦之助、奈良沢一誠、久利富周介、その他の人々を集め映画界に再度の声を上げました。その後、作者・監督・俳優が続々入社、新進女優に水谷蘭子、渡辺綾子、阪東清子、河上君江ら、男優では牧野正博（前名は正唯、省三氏の令息）、大谷友三郎（舞台俳優）、市川右太衛門（前名を右一といって片岡秀郎一座にいた）、勝見庸太郎（松竹を去り、しばらく浅草で剣劇を演じていた）、関根達発、東郷久義（柔道界に知られる強力者）、荒木忍（キネマに古いなじみの人）、上田五万楽（喜楽会にいた）、さらに荒木とともに東亜キネマより入社した鹿島陽之助、杉狂児と上村節子の夫妻、市川小文治、また鈴木澄子、松浦月枝、鈴木信子、玉木悦子らです。

また、喜劇界の珍優、曾我廼家五九郎一座も関西方面に巡業の折り、当社のスタジオで「山」その他を撮影しています。五九郎一座で映画に出演した主なる人は五九郎、宝来、一奴、時二郎、名村春操、花園百合子、武智桜子、和歌浦葉子、一二三などです。東京歌舞伎の腕利きたる沢村長十郎（猛優沢村訥子の二男）らも入社して「山中安兵衛」（畑中蓼坡監督）他三、四篇を撮影しました。さらに小島陽三（帝キネ時代劇の幹部）らも入りました。

小森常次郎さん（八六）の記録はこの他にも日活、松竹をはじめ大正末期に相ついで創立した各プロダクションにも及んでいるが、それはこれから斎藤雷太郎さんの軌跡を追っていく（東亜キネマ↓近代座、東亜キネマ↓小沢プロダクション↓近代座↓阪妻プロ↓松竹下加茂）過程で随時、引用させていただくことにして、次に大正十五年の「キネマ旬報ベスト10作品リスト」を掲げてみる。カッコ内は製作会社、監督。

①足にさわった女（日活大将軍・阿部豊）②日輪（同・村田実）③陸の人魚（同・阿部豊）④狂った一頁（新感覚派映画連盟・衣笠貞之助）⑤カラボタン（松竹蒲田・野村芳亭）⑥受難華（同・牛原虚彦）⑦紙人形春の囁き（日活大将軍・溝口健二）⑧転落（マキノ御室・井上金太郎）⑨水戸黄門（日活大将軍・池田富保）⑩蜘蛛（阪妻プロ＝松竹配給・悪麗之助）

キネ旬ベスト・テンは大正十三年から始められたが、日本映画を加えたのは大正十五年の第三回からである。

56　ドル箱スター乱舞

大正から昭和初期、日本映画の有力会社は日活、松竹、帝国キネマ、東亜キネマ、マキノプロといったところである。大正十五年（一九二六）の統計による日本映画の製作本数は、

松竹一二〇　▽日活一一一　▽帝キネ一〇八　▽東亜七五　▽マキノ六二　▽その他三一（計五〇七）

である。外国映画の輸入本数がほぼ同数の五百四本となっている。

これに対して、同年度の全国映画館数は、総数千百十一館で、府県別では多い順に、

東京一九七　▽大阪七九　▽神奈川五一　▽兵庫四〇　▽京都三四

入場人員の全国的集計は不明であるが、東京近郊では一千百十七万八千二百四十九人という数字が出ている。当時の人口と比較すると一人平均年十回、映画を見るという勘定になる。（『キネマ旬報』別冊、昭和三十五年十一月刊による）

ちなみに昨年（一九八三）一年間に日本映画の有力会社（松竹、東宝、東映、日活）で製作、封切りされた作品は百十六本である。その他二十三本、成人映画百七十八本を加えると計三百十七本。輸入映画が百八十一本となっている。また、入場人員数は全国で一億七千四十三万人（以上、日本映画製作者連盟調べ）というから、単純に比較類推はできないだろうが、当時の映画の隆盛ぶりは十分にうかがえよう。

一方、大正十四年（一九二五）キネマ旬報が行ったスターの人気投票では、

①岡田嘉子（日活）②英百合子（松竹）③砂田駒子（日活）④マキノ輝子（マキノ）⑤栗島すみ子（松竹）＝女優の部

①阪東妻三郎（阪妻プロ）②中野英治（日活）③鈴木伝明（松竹）④近藤伊与吉（日活）⑤勝見庸太郎（松竹）＝男優の部〈カッコ内は当時の所属会社〉

大正期の大スター、目玉の松ちゃんこと尾上松之助が病没したのが大正十五年五月、代わってこの時期、阪東妻三郎の人気が絶頂に達し、阪妻プロ太秦撮影所がしゅん工している。

海外では、アメリカその他の諸国でトーキー実用化の準備がすすめられていたが、国内では無声映画の全盛期、翌昭和二年（一九二七）には松竹から林長二郎（後の長谷川一夫）がデビューする。人気ナンバーワンの阪妻をはじめ、松之助なきあと日活のドル箱スターとなった大河内伝次郎、さらに市川右太衛門、嵐寛寿郎、片岡千恵蔵らのスターが競演を繰り広げ、昭和初期の京都の時代劇はまさに黄金期にあった。

ここで、斎藤さんの以後の軌跡を簡単に追うと東亜キネマをやめたあと大正十五年、五月信子らの「近代座」に入り、満州巡業。京都で「近代座」をやめ東亜にもどり、ついで「小沢得二プロ」（名古屋）に入社、再び近代座を経て阪妻プロへ、そして昭和五年に松竹下加茂撮影所に入社する。

57　演劇の「近代座」へ

さて、東亜キネマで一年ちかくを過ごした斎藤雷太郎さんは、このあと五月信子、高橋義信の「近代座」に入る。

五月信子は松竹蒲田初期の女優で、栗島すみ子、川田芳子とともに三大人気女優の一人だった。女形にかわって女優時代をつくり上げた草分けの一人である。大正十二年（一九二三）の関東大震災で京都の下加茂撮影所に移り、翌年には復興した蒲田へ帰り、「嬰児殺し」「無花果」「灼熱の恋」などを撮ったが、このあと、例の帝キネの引き抜き（大正十三年・一九二四）に応じて転社、同社の分裂によって東邦映画に入ったのは、小森常次郎さんの記録によって記述した通りである。

東邦映画では、葛木香一や伊志井寛らと「四谷怪談」などに主演したが、同社はまもなく解散。大正十四年（一九二五）八月、夫の高橋義信（新劇出身）と「近代座」を結成した。東京で旗揚げしたあと「灼熱の恋」や「高橋お伝」などをもって大阪、京都、神戸などで公演、ときに映画出演もし、近代座プロを興す。小森さんの記録では「五月信子プロダクション」として、次のように書かれている。

大正十五年初秋、高橋義信、五月信子等が組織している近代座が、満州〈中国東北部〉を巡業している際に撮影（ロケーション）して帰朝後、京都下鴨の松竹撮影所を借り受け撮影（セット）して遂に完成したのが「大陸を流るゝ女」（第一回作品にして山上紀夫監督）である。近代座一派は各地で実演し時々、映画も撮影する。最近に阪妻スタジオ〈太秦〉で製作した映画は「切支丹お蝶」である〈注〉近代座員の幹部俳優は高橋義信、五月信子、大倉文雄、久保田甲陽、松尾清などであります。

〈注〉キネマ旬報別冊、日本映画作品大鑑によると「切支丹お蝶」は昭和二年一月封切り。山上紀夫監督、主演は五月信子、高橋義信ら。阪妻立花ユニバーサル連合映画の第一回作品で近代座と提携した作品、とある。

斎藤さんは東亜キネマの甲陽撮影所にいて、転進の機会をねらっていたが（その理由は次回で）、そこへ「近代座」が姫路に来たという新聞記事を見た。

東亜キネマで撮った映画のスチールを持って、斎藤さんは一人、近代座のかかっている姫路の劇場をたずねる。高橋義信が応対してくれて〈高橋は新派の舞台にも出たことがあるので斎藤さんは一種の親しみをもって接したという〉その場で話が決まった。

「月給がどうの、そんな取り決めは何にもしないんですよ。ただ、その日から一座の泊まっている宿屋に泊めてくれた。そんなもんなんですよ、当時は。こちらにも深い考えがあるわけじゃない。映画で認めてくれないから、経験を認めてくれるかもしれない近代座へかけ込んだだけですから」

58　待遇は素人と同じ

東亜キネマ時代、斎藤さんが不足に思っていたのは、同社が幹部俳優を除いて大部屋俳優はすべてエキストラ制をとっていたことについてである。

「幹部俳優、つまりスターは撮影所の所属になっているのですが、私たち大部屋は仕事のあるときに呼ばれて一日三円五十銭。この日当は悪くはないのですよ。しかし、日雇い労働者のようなもので、あすは仕事があるかどうかわからない。一月に十日のときもあれば五日しか仕事のないときもあるわ

映画界に入る直前の斎藤さん（後列左端）

けですね。それに、何よりも耐えられなかったのは、経験者といってとくに仕事が多いわけでもない、素人とつっこみで一日三円五十銭……」

大芝居の舞台経験（といっても端役にすぎないのだが）が誇りである斎藤さんにとって、この素人とつっこみで同じ扱いというのが何にも増して「耐えられない侮じょく」であった。

「何だか自分が哀れになってくるんですよ」

たしかに群衆シーンなどは、少々の舞台経験がそんなに有効であるとはいえない。「向こう（会社）が一緒にみるのは、まあ仕方のないことで、使う方にしてみればエキストラ制というのは合理的なんです。システムとしては近代的なポーズをとっていたということでしょうね」

同社の母体が、生命保険会社であったことはすでに書いた。

「経営陣は興業界には素人だから、ふつうの会社の社員に対するようなことをやる。私たちにとってよかったのは、ロケの弁当代が七十銭で、これはスターもみんな一緒でした。とても、ごちそうなんですね。よそでは、大部屋はせいぜい三十銭か三十五銭、というところでしょう」

東亜キネマを退社して「近代座」に入った斎藤さんは、一座の四国公演に同行、ついで満州（中国東北部）巡業に出かける。そして、近代座プロの第一回作品「大陸を流るゝ女」のロケーションに参画する。この作品はその後、松竹下加茂撮影所でセット撮影、昭和二年（一九二七）二月一日に封切りされた。

この作品については大正十五年（一九二六）八月上旬号の『キネマ旬報』に紹介記事が、昭和二年三月上旬号に批評が掲載されている。

斎藤さんは、近代座に入った時期について「昭和になったとき（大正十五年十二月）は東亜にいたと思う」というが、キネマ旬報の記事からすると、それは大正十五年のおそくないころということになるのだが。ま、それはともかく斎藤さんは、この「大陸を流るゝ女」のセット撮影中に、友人といっしょに「ドロンして」神戸へ行く。

59　初めての海外ロケ

近代座プロの第一回作品「大陸を流るゝ女」は、舞台公演のかたわら撮影され、斎藤さんは助監督業のようなこともしたという。当時のキネ旬によると、

原作・音羽六蔵　▽監督・山上紀夫　▽撮影者・高城泰策

「大陸を流るゝ女」の記念撮影（大連で）。立っている左から2人目鳥打ち帽が斎藤さん。中央軍人の右となり、めがねの人が高橋義信

主な出演者は五月信子、高橋義信、大倉文夫、秋月広子、松尾清、中田三郎、久保田甲陽

その批評が芳原薫の署名入りで出ているので、全文を次に引き抜いてみる。

半年余の長日月を満蒙の地に費し〈斎藤さんによると一カ月余だったというが、とりあえずこのまま続ける〉あらゆる辛苦と闘いつつ製作された近代座総出演の映画。まず何より映画人未踏の地へ一小プロダクションとして（例え満鉄の後援があったにしろ）敢然出かけた其の意気を買おう。だが、一つの映画としてこれを見る時、気の毒ながら水準以下と言わねばならない。甚だ幼稚なストーリーを監督は又いたずらに回りくどく撮影も大変暗い。レフ一つ満足に使いこなせていないのも憂うつである。逆光線を多く使ったのも損をしているように思えた。

五月嬢の昔日の面影さらに無く、其の人を知る技師の有無は俳優にとって、如何に根本的な影響を

持っているかが如実に証拠立てられている。ただハルピンで芸者になるあたり美しさが見られた。高橋氏は全然舞台俳優である。

最後に一言、このような映画にも和製支那劇とは比べもつかぬヱキゾチックな味いが出ている。この映画を動機として我国の営業者が外国への輸出其他及ばぬ鯉の滝登りを夢みる先に、其の舞台を、其の販路を支那方面に向けるようになったら行き詰まるかに見える現状も打破されて望ましい事と思う。

興行価値としては「南満沿線の風物が沢山取り入れられてある。十巻の大物だしトリとして客の吸引は出来るであろう」とあるものの、全体としては極めて厳しい評になっており、ただ、海外ロケの意気のみが評価されているというふうである。

ところが、斎藤さんによると、そのロケーションもここに書かれているような「辛苦と闘い……」といったことは全くなくて「私らにとっては天国のような旅だった」というのだから面白い。

現地では満鉄の人たちが大歓迎をしてくれた。「内地から大挙、映画人が出かけたのは初めてのこと」だったから、宿も食事も大変なもの。「奉天の宿は瀋陽館といって師団長の泊まるところですよ。私らも幹部と一緒にそこに泊まった。大連では病院見学にも連れていかれた。見たこともないような手術室にも案内された。りっぱなもんでした」。

60　再び東亜キネマに

近代座プロの第一回作品「大陸を流るゝ女」は、キネマ旬報誌上で「レフ一つ満足に使いこなせていない」と、技術面で酷評されているが、斎藤さんの話をきくと、それも無理のないことで、当初から映画撮影の計画があったわけではないらしい。公演旅行の途中で満鉄の後援が決まったのが実情のようで、撮影所の経験者であるというだけで斎藤さんは助監督のような仕事をやらされた。

「といっても撮影現場の交通整理のようなことですがね。脚本の相談を受けるとか、そんなんじゃあないんですよ。監督の使い走りをしたり、現場の仕事がうまくいくように段どりしたり、ね」

斎藤さんによると大連、奉天、ハルピンなどで約一カ月の撮影を終わって、京都の松竹下加茂撮影所でセット撮影に入ったのが大正十五年（一九二六）の六月ごろだった。

セット撮影に入ると、斎藤さんはとくに仕事があるわけではなく、撮影所の近くの下宿でゴロゴロしていた。一カ月ぐらいたったころ、近代座の次の巡業計画が話題にのぼるようになり、斎藤さんはまた日本各地を公演旅行することに気がすすまなかった。同僚に神戸の玉突き屋の息子がいて、彼もこの仕事に見切りをつけており、二人で撮影所を抜け出して神戸の彼の家に転がりこんだ。

まもなく、斎藤さんは東亜キネマ時代に顔見知りになっている俳優の五味国男をたずね（第四十三回のスチール写真、右側が五味国男で斎藤さんはともに出演している）、そのまま彼の居候になる。

「そのころは居候するの、平気なんですよ。おく方も何とも思っていないところがありましてね」

一週間ばかりすると、撮影所長（東亜キネマ甲陽）が会うという話が、五味を通して入ってきて（斎

斎藤さんが東亜甲陽撮影所にいたころの撮影光景。カフェの場面で、ミルクセーキ20銭、コールコーヒ10銭の値段表がみえる

藤さんは五味のところに転がりこんだときから入所できると思っていたそうだが）そこで所長との会談で話が決まり、斎藤さんは再び東亜キネマに入社する。大正十五年の秋ごろか。

斎藤さんはだから、自分も参画した〝海外ロケ〟作品「大陸を流るゝ女」について、その作品の内容や評判を何も知らない。同作品の完成時、封切りの時点では斎藤さんはすでに東亜キネマに再入社していたのである。（五十八回で大正から昭和になったとき＝大正十五年十二月改元＝東亜にいたというのは斎藤さんの記憶違いか、と書いたが、そうではなかったらしい）

ここで斎藤さんは「一年ちかく」いたが、東亜甲陽撮影所はいわば〝陥没期〟にあり、等持院撮影所に合併するというウワサも所内に流れていたという。そこで、斎藤さんも京都の等持院スタジオをたずねたが、「狭い撮影所でしてね」。なんとなく東亜にこのまま いることに希望がもてなくなってきた。

61　久米正雄の探訪記

大正末期の京都の撮影所のようすを、作家の久米正雄が『映画時代』（文芸春秋社刊、昭和二年一月号）に書いている。「大正十五年十一月記」とあり、タイトルは「京洛スタヂオ荒し」。斎藤さんがその少し前にやってきて「狭いなあ」と思った等持院のスタジオの印象を、久米は次のように記す。

――途中御所近辺その他、京都郊外のどう見ても時代劇の背景に出来ている中を自動車は走る。等持院なる寺は、更に見るからに時代劇のロケーションだ。

木柵を黒く塗っただけのような、等持院スタヂオの門前で車を下りる。ちょっと昔の関所のセットといったような、門前の感じだ。

入って見ると、所内は、先年の怪火に焼けた跡とかで、大ステージなどは見当たらず、二三棟、仮建築らしいものが周囲にあって、セットの毀《こぼ》ち残りが、場の中央にあるだけだ。それに場所はちょっとシンとして、物淋しい感じが無いではない。〈現代仮名づかいに改めた、以下同〉

ちょうど、長尾史録監督が時代劇の撮影に入っており、久米氏一行は雲井竜之介、華村愛子、原駒子らの俳優たちと記念写真を撮った。

当時の京都のスタジオは他に、下加茂（松竹）、御室（マキノ）、太秦（阪妻）、大将軍（日活）にあった。久米氏の訪問記をつづける。

▽下加茂

自動車は、京都の場末らしき加茂川の橋を渡り、やがて下加茂撮影所の門前につく。撮影所の門前の感じは、何処鳥渡《ちょっと》田舎町の、製糸工場の前のような感じ、それだけ質実、潜り門を入ると、着到の札がずらりと並んでかけてある。秩序整然。何となく緊縮した、潑溂感をいきなり感じた。

（中略）

遠慮なしにステージの方へ通る。時代劇のセットか、武者窓？ 付の塀など、建ちかかっている。と見ると、ダークステージ一杯に、アンペラを凹凸いろいろに張りつめ、それに総がかりで、新聞を貼ったり、泥絵具を塗ったりして、山寨《さんさい》〔山中に設けた砦、すみか〕の洞窟を作っている。気を揃えて、二十人以上も総がかりだ。その人々の中に、何だか見覚えのある顔が見える。大道具師にしては妙だし、画家としても何処か変っている。分った、例の「狂った一頁」で、狂人になった顔に、深い印象を残した俳優たちだ。

「狂った一頁」はこの年、関西映画協会から優秀映画に推奨された作品で、監督は当時三十歳の衣笠貞之助である。衣笠映画はそのあと、ここを本拠としていて「いかなる俳優といえども、手がすいている際には、大道具小道具すべての撮影準備に、全員一致で従事する規約」であった。

62　京洛スタヂオ荒し

松竹下加茂撮影所はその後、斎藤さんが入社して『京都スタヂオ通信』発行の拠点となるところである。前回につづいて、久米正雄の「京洛スタヂオ荒し」と題した印象記を引用する。

一棟の俳優部屋其他は、是も門前の第一印象のせいか二階つきの製糸場の寄宿舎めいた建物。靴を穿いて階上へ上って見ると、清潔でキチンとしている。上った所の掲示場みたいな所に、書きも書いたり、「皇国の興廃此の一挙にあり、各員奮励努力せよ。」それは急に本社から「照る日曇る日」競映製作の命があったため……掲げたものとか。〔中略〕

転じて、女優部屋に到る。〔中略〕入って行くと、一座の女優諸君は大小凡《すべ》て七〔、〕八人、窓際の鏡台に向って、一整に端座し居たり。秩序洵《まこと》に整然。予、漫然と足を踏み込み、恰《あたか》も観兵式の如く、一整に「頭アー右」されたるのに、はやたじろぐ。但し大にいい気持なり。

お馴染の岡嶋艶子が、蒲田時代から見るとすっかり大人びて、色っぽい金魚のようになっているのが、矢っ張りスタアらしく目立つ。

一体に女優さんたちの装も質実なるはよろし。

▽御室

マキノのスタヂオは、門をからりと明けて正面のステージ其他の淡紅色の建物に、午後の日が暖かそうに当っていた。小ぢんまりした、スタヂオらしいスタヂオだ。此処へは前にも一度来た事があるが、それから幾棟もステージが増築されて、心なしか何となく賑かになっていた。門内へ入ると、ロケーション自動車の上で、寝そべって歓語しているものキャッチボールをしているもの。何となく和気藹々たるように感ぜられた。感じは何か私立の実業学校の前のようだ。

右手の、新築の事務所へ入ると、金網を張った銀行の窓口のようなものが、ずらりと並んで、其奥の方から、大きな声で、

「……まアお上り！　かまやせんさかい、其ままずんずんお上り！」

と云う快活な声がする。オン大牧野省三だ。

〔中略〕みな、どやどやと靴のまま、奥の卓子の傍へ行った。ドテラ姿の直木三十五が、「やア」と立ったきりで同じく迎えた。

〈大正十四年、作家の直木、久米、菊池寛や牧野省三が参加して「聯合映画芸術家協会」を創立、衣笠貞之助監督で「月形半平太」を製作している〉

ここでは勝見庸太郎、玉木悦子（環歌子）らに会い、玉木について久米は「美しさでは、時代劇女優中随一ではあるまいかとさえ思われた。殊にその痛々しい程、ライトで目をやられているのが、色っぽかった」と書いている。

「青年マキノ正博」も投げ合っていたボールをすてて、久米氏らの記念撮影に加わった、とも。

63　小沢監督が独立へ

久米正雄「京洛スタヂオ荒し」（大正十五年十一月記）は次に、阪妻の拠点である太秦に自動車を走らせる。

此処の白塗りの、ハイカラな門は、何となくミッションスクールを思わせた。〔中略〕正面の大ステージも、ハイカラで少しコケ威しの前面が、立花良介氏とノックス氏〈米ユニヴァーサル日本支社長〉の提携を、一見した感じの中に象徴していた。阪妻感が割合にないのが、物足りない気がした。併《しか》し、此処は未完成だ。槌の音が、高らかに聞えている。……その槌の音に連れて見やれば、向うの隅には、天に聳《そび》えよとばかり、――いやに大袈裟だが――大ステージの外骨が組上げられているではないか。

〈ここで久米一行はユニヴァーサル社から来た「西洋人」に紹介されているが「来ている外人たちは、ハリウッドから島流しされた感じがあるせいか、何となく淋しそうだった」と〉

アテにして、楽しみにして来た阪妻は、宇治へロケーションに行ってるとかで、会えなかったのは残念だった。此処で阪妻氏に会えない事は、太秦行に画竜点睛を欠く事だが、仕方がない。……

此処には小沢得二君〈監督〉が居た。

〈小沢監督はこのあと小沢映画聯盟（小沢プロ）を名古屋で設立、斎藤さんは東亜退社後に入社することになる〉

東亜キネマが大阪で行ったファンのつどいで、後列中央（女性の右隣、ネクタイをしている）が斎藤さん

▽大将軍

今迄の各スタヂオに就て云ったような門前感から述べれば、此処に、入った時の感じが、何か古い味噌か醤油か酒の醸造会社のようだ。そうだ。醸造会社には違いない、日本映画のセンセーションの。――〔中略〕

ステージでは、ジャッキィ・阿部〈豊〉君が、夜に日を次いで、仕事をして居るところだった。撮っているのは、「足にさわった女」。梅村蓉子嬢主演だ。〔中略〕若くて、繊細らしい溝口〈健二〉君は、如何にも「紙人形〔正確には紙人形春の囁き〕」を作り、「〔狂恋の〕女師匠」を物する都会児である事に肯かれたが、阿部君を見てから「陸の人魚」の持つ明るさや、或る程度の気障《きざ》さに、私は確に好意が持てて来た。正道でハイカラな画は、或いは此人の手を待つのがほんものかも知れないとさえ思えて来た。

〈この「足にさわった女」は大正十五年のキネ旬ベスト・テンの第一位になっている。当代随一の人気男優、岡田時彦も出演しており、久米氏一行は「ちょうど来合

わせた」岡田嘉子らとともに記念撮影をしている〉

大正末期から昭和にかけての、京都のスタヂオのもようは、以上の久米正雄氏による印象記で、およその想像がつくのではなかろうか。

ときに斎藤さんもまた、古い知人のいる京都の撮影所に遊びに来ていて、そこで阪妻プロの小沢得二監督が独立してプロダクションを興こす話を耳にする。

64　小沢映画聯盟のこと

小沢得二監督の独立は昭和三年（一九二八）、小沢映画聯盟の第一回作品は「掏摸《すり》の家」で、同年十月三十一日大阪南座封切り（キネ旬別冊・日本映画作品大鑑）であるから、斎藤さんが二回目の東亜キネマをやめて小沢映画聯盟に移ったのは、満二十五歳を迎えるころということになる。（斎藤さんは明治三十六年十月生まれ）

そのころ、新派劇にいた時代からの知り合いで、斎藤さんが映画界に入るきっかけをつくった伊藤淳兆（当時、阪妻プロの俳優）が帷子《かたびら》ノ辻に住んでいた。斎藤さんは時々、彼のところに遊びに行って小沢監督の独立の話をきく。伊藤の友人で、日活？　にいた大味正徳が「俳優幹事格で」行くというので、斎藤さんは伊藤を通じて頼み、連れていってもらう話がきまった。

「大変な腕ききだったんです、小沢さんは。そこで名古屋の興行師が金を出して引っぱったわけです。あのころは、そういう形で次々と小さなプロダクションができては、つぶれた。ふつう、大きな会社にいる人は腰がすわって、そんな海のもんか山のもんかわからないところへは行かない。人あつめには苦労したようです」

斎藤さんもそのとき、「奥さんがいたら連れてきてもいい」と言われたというほどだ。が、斎藤さんは東亜キネマで満たされない配役を、新興の小プロダクションに求めて、小さな安定を捨てたのだった。

「新しい編成だから、いい役がつくと思っていた」こともあり「気分転換」という軽い気持ちもあった。

先のことなど大して深刻に考えてもみない、それが斎藤さんを含めて周囲の若い人たちの生活ぶりだった。神戸の玉突き屋の息子の家に転がりこんだころ、三階の屋根裏部屋に住んで、昼間は劇団をつくろうとか何とか話しながら、夜になると、玉突き屋の息子の友人で金まわりのいい会社員にくっついてカフェへ行っては酒を飲ましてもらった。東亜に入っても、とくに変化があったわけではないが当時、斎藤さんは記憶にのこる二、三の外国映画をみた。アメリカ映画最初の大スターといわれるダグラス・フェアバンクスの「バグダッドの盗賊」、エリッヒ・フォン・シュトロハイムの監督、主演映画「愚なる妻」、そしてチャップリン（主演でなく監督）の「巴里の女性」で、なかでも神戸の新開地でみた「巴里の女性」のファーストシーン、そして豪華な料理を説明する場面は、いまでも鮮やかに思い起こすことができる。

「いいんですよ、ファーストシーンが、とても。まず物語の舞台になる家が遠景にうつる、前は広々とした庭。オーバーラップして、カメラはその家に近づく。そしてピタッと止まって窓をとらえる。全景→家→窓と、そのテンポのよさが、とても話題になりましてね。そのシーンを何べんも見にいったというヤツがいるぐらい……」

65　聯盟、1年も続かず

小沢映画聯盟の話しにもどろう。

第一回作品「掏摸の家」は、長谷川伸の原作で沢田正二郎の舞台の当たり芸を映画化したもの。監督・小沢得二、脚本・冬島泰三、撮影・吉田英雄。

主演は高田稔、月村節子、それに斎藤さんの小沢プロ行きに縁のあった大味正徳の名がならんでいる。

「高田稔はたしか、一本契約だったと思いますよ。専属ではない。常雇いは大味正徳が幹事格で、あとは私らを含めて十人ていどでしたね。当初はライトマンも三人か四人いましたけれど、次に何だったか題名は忘れましたが、それを撮ったときはライトマンが一人になっていて、ヤケクソでやってたの、おぼえていますよ」

ここでも斎藤さんは、印象に残るような役どころは得られなかったが、その他大勢のなかで「ちょっとした芝居をやって」助監督から声をかけられ、不遇をなぐさめられるようなことはあった。その助監督が当時、小沢得二に師事していた千葉泰樹だったという。千葉は昭和五年（一九三〇）に河合映画で監督に昇進、戦後には加東大介を主役にした「大番」四部作を大ヒットさせ、東宝娯楽映画のエース格となった。

小沢映画聯盟「掏摸の家」撮影時の記念写真。後列中央、白服蝶ネクタイが斎藤さん（2列目中央の和服が主演の高田稔）

『日本映画監督全集』（キネ旬・昭和五十一年刊）の、小沢得二の項をみると、彼が小沢映画聯盟で撮った作品は「掏摸の家」と「ラシャメンの父」の二本だけで、昭和四年（一九二九）には河合映画に移っている。小沢映画聯盟もまた、当時の大小無数に生まれては消えていったプロダクションと同じ命運をたどり、一年間も続かなかったのである。

斎藤さんによると、小沢プロは「掏摸の家」のあと横山運平、五月信子を連れてきて、ドイツ映画「ヴァリエテ」（日本公開は昭和二年）の翻案ものを撮り、これが縁になって、五月らの「近代座」に再び加わることになるのだが、この作品が何であったか、わからない。ただ「ラシャメンの父」にも五月信子、高橋義信の「近代座」コンビは出演している。これは、鈴木泉三郎原作の戯曲の映画化で、昭和四年二月十五日封切りとなっている。

ともかく、五月らが小沢映画聯盟の映画に出演したことが、斎藤さんの次の就職口を決めた。

小沢得二は同年四月には東京シネマで「あゝ玉杯に花うけて」を製作しているから、小沢映画聯盟の解散は「ラシャメンの父」の撮影直後のことだろう。

撮影を終えた五月らは、名古屋で一座を編成して巡業に出ることになり、斎藤さんは昔の縁もあって、この「近代座」に加わる。俳優幹事格の大味正徳もいっしょだった。小沢映画聯盟の撮影所は、熱田神宮からそう遠くないところに、畑を埋め立てて急造されていたが「結局三、四本撮っただけでつぶれましたね」。

66　芝居小屋で寝泊まり

「私も前（に近代座にいたころ）よりはちょっと、まにあう役者になっていましたからね」

斎藤さんが、名古屋の小沢映画聯盟から再び「近代座」に加わったのは昭和四年（一九二九）の早春、満二十六歳になっている。新派の木村操をたよって役者の世界に入ってから、ほぼ八年がたっていた。

「近代座」の、不動の幹部俳優は高橋義信、五月信子の夫妻で、スターの五月がときに映画出演するかたわら、その都度一座を組んで全国を公演旅行していた。出し物は「高橋お伝」や「嬰児殺し」（松竹蒲田時代の五月の主演映画と同じ作品、原作・山本有三）「美人床」などで、このときは、さきに満州ロケした近代座プロ作品「大陸を流るゝ女」の撮影風景をスケッチ風に舞台化したものも加わっていた。

地方巡業の役者というのは、ひどい待遇だった。少数の幹部を除いて宿屋には泊めてもらえず、芝居小屋で寝た。斎藤さんはそれでも「ただ働けることに喜びがあった」ので、お金（待遇）については何もいわず、言われればどんな役でもやった。そして、そこそこの役はこなせたのである。

「待遇もよくないし、先の見通しもないから、ちょっとしたヤツは次々やめちゃうんですよ。やめるときは黙ってドロンにきまっていましたから、その日のうちに（代役で）穴埋めをせんとあかんのですわ。私にその穴埋めが、そこそこ、できたわけです。だから向こう（劇団）は重宝がって大事にしてくれた。私だったら、本来の人がやるより月給が半分、三分の一で済む。そういう計算もあるわけですね」

その斎藤さんが、北海道の巡業地で、芝居小屋に泊まるのはかなわん、宿屋に泊めてくれ、と文句を言った。きき入れてくれなかったらやめる、と。

そのことがあって、大部屋の連中も巡業地で宿屋に泊まるようになった。斎藤さんは同僚から「礼をいわれた」という。

斎藤さんはここもまた、一年足らずでドロンするのだが、この間の巡業で大いに役者としての自信を深めた。「浅草公園劇場にも出て、ちょっとした役もやっているんですよ」。浅草公園劇場といえば、斎藤さんが丁稚奉公していたころ、その前の看板を見て通り過ぎたところである。そして、五月信子といえば、いまの感覚でその後の山田五十鈴よりもエライ役者だったと当時思っていたスターであり、その一座で、しかも「ちょっとした役で」舞台をふんだことは、斎藤さんにとって感慨深いものがあったろう。役者であることを初めて自認できたときでもあったのではなかろうか。

斎藤さんはしかし、一座が岐阜での公演を終わって、京都にちかい東海道沿線の巡業地でドロンする。「何となくやめた。落ちついた生活がしたくなった」と斎藤さんはいう。

67　阪妻プロへ入る

京都のちかくの巡業地で二回目の「近代座」をドロンしたとき、斎藤さんは満二十七歳になっていた。新派の木村操門下に入ってから八年余、斎藤さんの転変の役者生活は、また、当時の多くの映画人の歩んだ軌跡でもある。

「近代座」をぬけた斎藤さんはそのまま京都に来て、太秦に住んでいる知り合いをたずねた。角座に出ていたころの友人で当時、東亜等持院撮影所にいた。しばらく居候して、その間にどこかの撮影所に入れてもらおう、というわけである。その友人の名前を、いま斎藤さんは思い出せないが、隣に阪妻プロの宣伝部の人が住んでいた。この人が伊藤淳兆と知り合い（伊藤はこのとき京都にいなかったという）で、斎藤さんのことを阪妻プロに口をきいてくれるという。

この人は日下輝三といい、阪妻プロの宣伝関係の仕事を一人できり回していた。慶応の名三塁手で後に大毎球団でも活躍した野球選手だった、と斎藤さんはいう。

慶応大学の野球部で調べてもらったところ、明治四十三年から大正三年にかけて在籍している「日下輝」と同一人物であることがわかった。二年からレギュラーの三塁手になり、三年のときは四番を打っている。最終学年のとき、のちに慶応の名監督といわれた腰本寿が三塁手として入り、出番が少し減ったようだが、まぎれもなく慶応野球部のレギュラー選手。当時の映画界には、いろんな経歴の人がいた。

その日、日下輝（三）の紹介で、斎藤さんは「来月から来い」といわれ、阪妻プロ入社がきまる。「月給はいくらくれるか、わからない」が、ともかく、念願の「落ちついた生活」の場は確保できたのである。昭和四年（一九二九）の秋の終わりごろか。

月給は三十円か、せいぜいもらって四十円だろう（というのは紹介者の日下輝三が芸事には素人だから、通りいっぺんの売り込みしかできていないと思った）と踏んでいた斎藤さんが、阪妻ではじめてもらった月給は五十円だった。「阪妻という人は、目のあいた人だなあ、と思いました」

阪妻はそのころ、撮影所の中でも「みんながハレモノにさわるように」して持ちあげるほどエライ人だった。芸熱心でもあった。自分の出番のないときは、カメラのそばに腰をおろして、だれかれの演技を注目していたという。

「石松ものだったと思いますがねえ」と、斎藤さんはいう。斎藤さんたち大部屋俳優は、出番があるときだけ呼び出されて、その場面を撮るだけだから、自分が出たどの映画がだれの監督で、だれの主演であるか、それすら知らないで仕事が終わる場合もあるのだ。その「石松もの」で、その他大勢の中の、斎藤さんのちょっとしたアドリブが「月給五十円」を決定づけた。斎藤さんはそう思っている。

68　初めての月給50円

斎藤さんの「月給五十円」が決まった（という）アドリブの場面を思い起こしてもらおう。

主演級二人、女性の方は森静子だったようにおぼえている、若い男女の路上のラブシーン、といっても今のように抱擁したりキスをしたりすることはもちろんないのだが、それを二階の物干しから若い衆数人が見ていて冷やかす、という設定。若い衆の一人が斎藤さん。ラブシーンを追っていたカメラが、カットバックして二階の若い衆をとらえる。ハイ、スタート。手を振ったり、ワイワイやっているだけのその他大勢の中で、斎藤さんは両手の人さし指をつき出して、ちょっと片目をつぶってみせた——

と、斎藤さんの手ぶり身ぶりをまじえた話を再現すると大体、このようになるのだが、ともかく「他の連中とはちょっと違う芝居をやった」のである。それが阪妻の目にとまった、と斎藤さんはひとり思っているのだが（「向こうは何も言わないから」）そのあと、はじめてもらった月給が五十円だったのである。

「そりゃあ、うれしかったですよ。五十円というのは、そこそこの役がこなせる、という格なんです。ポッと入った者に、なかなか五十円という月給、出しませんからね」

当時、阪妻主演映画の配給は松竹が独占していた。

松竹は昭和二年（一九二七）には林長二郎（後の長谷川一夫）をデビューさせ、大宣伝によってたちまち人気スターにのしあげ、また、翌三年には市川右太衛門の右太衛門プロの作品も配給権を独占して、阪妻とともに三大人気スターを得て時代劇王国を形成していたが、このなかで阪妻の占める位置はしだいに下降気味となった。昭和三年（一九二八）七月、松竹は阪妻プロの臨時取締役会を開き、社長に松竹社長の白井松次郎をはじめ重役陣を送り込み、実権を握る。以下、キネマ旬報社『日本映画俳優全集・男優編』の阪東妻三郎の項から引用する。

阪妻映画はその後、悪麗之助監督「〔怪傑〕蜘蛛」、山口哲平と犬塚稔監督の「砂絵呪縛」、犬塚監督「闇」「開化異相」〈昭・3〉といった佳作はあったが、総体的に不評の声が上がり始める。〔中略〕若くて情熱に燃えた脚本家や監督たちのあふれるようなイメージに押し出されてスターにのし上がった時期とはちがって、すでに獲得した人気のうえに、新味の乏しいヒーローを繰り返してマンネリズムにおちいったのである。もはや苦悩する反逆者というよりは強そうなポーズで暴れ回って大見得を切るただのヒーローでしかなくなりつつあったのである。

昭和四年（一九二七）、松竹は阪妻プロ製作本数を、前年（二十三本）の半分以下（九本）に減少させている。斎藤さんが入社したのは、この年だった。

69　阪妻プロを離れる

斎藤さんが阪妻プロに入社した昭和四年（一九二九）、阪妻は岡山俊太郎の名で自ら監督して「石松の最期」〈封切りは昭和五年一月十日〉を撮っている。

松竹側から製作本数を減少させられ結局、九本にとどまったその年の最後の作品である。自らが監督、主演（石松）して「態勢ばん回をはかったが不発」だった、と『日本映画俳優全集』の阪妻の項で記されているが、斎藤さんが入社して初めてあたった「石松もの」は、あるいはこれだったか。ほかに中村政太郎、森静子、春日清、中村吉松らが出ている。

こうして斎藤さんの役者生活の跡をたどってみると、新派の木村操の門下になっていらい、いつも峠を越えた役者につき、下降期の会社に入っているというめぐりあわせに気がつく。同時代に生きた斎藤さんはそのことに気づいていないし、そんなことを意識したこともないようだ。そして、現在でもそんなめぐりあわせを思ってもみないふうなのだが、伊井蓉峰しかり、転じて映画界の東亜キネマにも、いわば同社の陥没期に入社している。五月信子の「近代座」でも地方巡業に明け暮れ、やっと落ちついた阪妻プロも、その翌年（昭和五年・一九三〇）五、六月の「からす組」前後編（犬塚稔監督）を完成させると、阪妻は「松竹の冷遇は資本家根性以外の何ものでもない」と声明を発表、松竹との提携を打ち切り独立を宣言する。

その後、阪妻は京成電鉄の肩入れで、同電鉄沿線の千葉県津田沼谷津にスタジオを設け、大日本自由映画プロダクション阪妻関東撮影所の看板をかかげるが、転々の生活をきらって京都に腰を落ちつけた斎藤さんは、このとき阪妻のもとを離れ、松竹に残り、下加茂撮影所で働くことになる。

「あのまま、阪妻プロが続いていたら、私も幹部とはいかないまでも、準幹部ぐらいにはなって、タイトルに名前の出るぐらいの役者にはなれてたと思うんですがねえ」

斎藤さんは、いまでもそのように思っている。

阪妻プロ太秦撮影所の最後の作品となった「からす組」で、斎藤さんは「隊長役をもらって、十人ばかり引きつれてゴチャゴチャやった」りして、大部屋としては目につく役どころをこなしていたのである。

写真の説明のために書いておくと、松竹とたもとを分かって関東で独立プロを興した阪妻は、阪本勝（戦後、兵庫県知事をつとめた）の原作である「洛陽餓ゆ《う》」を撮るが興行的に失敗、その後は新興キネマと提携して「牢獄の花嫁」などの作品を出した。昭和七年（一九三二）には撮影所が火事で、封切り前の「英五郎《えいごろう》二人」のフィルムを焼失する不運に見舞われている。同十年（一九三五）にはトーキー攻勢のなか、大きな負債をかかえ独立プロ続行を断念、新興キネマに合流する。

〔この回には「千葉県谷津の撮影所の焼け跡に立つ阪東妻三郎」の写真が掲載されていた〕

第4章　読者の書く新聞

70　『土曜日』を語る

斎藤さんが、映画界に身を置きながら『京都スタヂオ通信』（のちに『土曜日』へつながる）という新聞発行の場を築いた松竹下加茂撮影所に入社するところまで、やっとたどりついた。この間、斎藤さんの歩んできた道の、関係年譜という形で大正末期から昭和にかけての映画史にもふれてきた。

京都市中京区の小森常次郎さん（八六）のように、一ファンの立場で大正期の映画会社と監督、俳優らの動向を克明にノートしておられる人もあって、あらためて当時の映画と庶民の熱い関係を知らされた。小森さんのノートを紹介することで、多くの古い映画ファンの思い出を新たにしたようで、京都市南区八条源町の二上新三郎さん（七四）からは次のような便りをいただいた。

当時、連鎖劇といって実演と映画とを合わせてやっており、五月信子の毒婦「高橋お伝」の実演を七条大宮角の宝座で見ましたが（大正十四年、五年ごろか）、信子のお伝は見る目もはばかる程の色っぽい演技でした▼阪妻も宵越しの金は持たない主義の人、だれにもマネのできない演技の持ち主、三人の息子さんもりっぱ、さすがは親の子。阪妻といえば中村吉松、森静子と名コンビだったのも遠い昔の思い出です▼マキノ映画の、関操さんの良いおじいさん、横山運平さんの欲張りじいさん。良く役柄を表現され好演でした。照明もよく、天然色映画のような、教育映画的な、情操豊かな、この歳になってもあの活動写真の楽しさは忘れられません。本当に牧野省三さんという人は偉いお人だと尊敬しております▼阪妻をはじめ嵐寛、千恵さん、月形と皆、牧野省三氏の息のかかった人たちばかり、右太衛門の「孔雀の光」のお公卿さんのあの上品さは、だれもが追い越せない程の風格でした▼目玉の松ちゃんも人気におぼれてか、省三さんとうまくいかなかったらしいですが、日活重役となって、自分の持ち家を安い安い家賃でたくさんの人たちに開放されたことは当時の新聞が報じていました。優しい松ちゃんの半面をぜひ書いてあげて下さい。切なる私のねがいです。

閑話休題

さて、斎藤さんが松竹下加茂撮影所に「落ちついて」からのことは、そこで『京都スタヂオ通信』を発行するに至る経緯のなかで、この連載のはじめに書いた。いよいよ、本題である——斎藤雷太郎と『土曜日』の、『土曜日』という新聞について次回以降、近づいていくつもりだが、ここで、お知らせを一つ。「丸木位里・丸木俊　原爆の図展」の催しの一環として企画された〝庶民と戦争〟のシンポジウム（一九八四年七月二十二日午後三時、京都会館会議場）で、斎藤さんが『土曜日』と今をつなぐもの」という題で話をすることになった。斎藤さんが、不特定多数の人の前で『土曜日』を語るのは初めてである。

71　役者の夢果たせず

数え年十三歳で筆屋の丁稚になっていらい、斎藤さんの職業歴を、ここでもう一度たどってみる。二年たらずでその筆屋を飛び出して、山谷のタンス屋に住み込みで働く。丁稚だと年に二回、盆と正月にしか休みがもらえないが、職人は一日と十五日、月に二日休みがある。十六、七歳でひとかどの指物職人になり、大学出のサラリーマンをしのぐほどの給料をとっていた。引きぬかれる形で向島の家具屋にうつる。ここの長女が新派の木村操の夫人で、のちに斎藤さんが役者となる機縁ができた。さらに新宿角筈のタンス屋に移り、斎藤さんの徒弟、職人時代は大正七年（一九一八）ころから大正十年（一九二一）に及んでいる。

役者になろうとして、東京・歌舞伎座の楽屋に木村操をたずねたのが大正十年六月のこと。満十八歳のときである。

「役者になれば、はなやかで体も楽のようだし、女にもてると思った」と、斎藤さんはいう。

このあと、木村操のもとをはなれ伊井蓉峰の門下に。まもなく関東大震災（大正十二・一九二三年）に遭い、大阪へ。地方まわりの小芝居で働いた後、大正十四年（一九二五）に東亜キネマ（西宮・甲陽撮影所）へ入社。はじめて映画の世界にふれる。

この年、治安維持法が公布、実施（五月一日）されているのは、何とも皮肉なつじつまのように思える。それから十二年後、松竹下加茂撮影所で働きながら、『土曜日』を発行していた斎藤さんはこの法律によって検挙され、新聞発行の続行が不能となるが、同時に映画界からも門を閉ざされることになるのである。次にこの法律の一部を示すと、

第一条　国体ヲ変革シ又ハ私有財産制度ヲ否認スルコトヲ目的トシテ結社ヲ組織シ又ハ情ヲ知リテ之ニ加入シタル者ハ十年以下ノ懲役又ハ禁錮ニ処ス

前項ノ未遂罪ハ之ヲ罰ス

第二条　前条第一項ノ目的ヲ以テ其ノ目的タル事項ノ実行ニ関シ協議ヲ為シタル者ハ七年以下ノ懲役又ハ禁錮ニ処ス（以下略）

〈この法律は昭和四年に改められて、第一条の「十年以下の懲役又は禁錮に処す」というところが「死刑又は無期の懲役又は禁錮」となった〉

昭和十二年（一九三七）、斎藤さんが『土曜日』の発行者として検挙された前後、京都では『世界文化』『学生評論』や文芸同人誌『リアル』、さらに俳句雑誌のメンバーまでがこの法律の名のもとに検挙されている。

この、治安維持法の公布、実施と時を同じくして映画界に入った斎藤さんの、その後の足跡は、近代座→東亜キネマ→小沢プロ→近代座→阪妻プロ（太秦）→松竹（下加茂）となる。そして、ようやく京都に腰を落ちつけるが、役者への夢はついに果たせず、昭和十年（一九三五）には『京都スタヂオ通信』を出し、新聞発行に生活の場を求める。

72　鉄路に咲いた花

『京都スタヂオ通信』の第一号は昭和十年（一九三五）の夏、そして、その第十二号が『土曜日』の創刊号となる。昭和十一年（一九三六）七月四日である。翌年の十一月五日、第三十三号（通算四十四号）まで月二回、メンバーの総検挙によって〝強制廃刊〟に追い込まれるまで、一度の休刊もなく出しつづけた。次に引用するのは〈花は鉄路の盛り土の上にも咲く〉と題した、創刊号の巻頭言である。

しぶく波頭と高い日の下に、一杯の自分の力を信〔原文は欠字。中村は「信」を補ったが「感」とする人が多い〕じた冒険者達の様に、かつて人々は生きた事があった。今は冷いベトンの地下室で、単調なエンジンの音を聴きながら、黙々と与えられた部署に、終日を暮す生活が人々の生活と成って来た。

営みが巨大な機構の中に組入れられて、それが何だか人間から離れて来た様である。明日への望みは失われ、本当の智恵が傷けられまじめな夢が消えてしまった。しかし、人々はそれで好いとは誰も思っていないのである。何かが欠けていることは知っている。

しかし、何が欠けているかはさだかには判っていないのである。人々が歪められた営みから解放された時間、我々が憩う瞬間、何を望み、何を知り、何を夢みて好いかさえもが忘れられんとしているのである。それは自分に一等親しい自分の面影が想出せない淋しさである。

美しいせせらぎ、可愛いい花、小さなめだかが走っている小川の上を覆うて、灰色の鉄道の線路が一直線に横切ったとき、ラスキンは凡ての人間の過去の親しいものが斜めに断切られてしまったかの様に戦慄したのである。しかし、テニソンはそのとき、芸術は自然の如く、その花をもって、鉄道の盛土を覆い得ると答えたのである。

この鉄路の上に咲く花は、千均の力を必要としたのではない。日々の絶間なき必要を守ったのである。我々の生きて此処に今居ることをしっかり手離さないこと、その批判を放棄しないことに於て、始めて、凡ての灰色の路線を、花をもって埋めることが出来るのである。

「土曜日」は人々が自分達の中に何が失われているかを想出す午後であり、まじめな夢が瞼に描かれ、本当の智恵がお互いに語合われ、明日のスケジュールが計画される夕である。はばかるところなき涙が涙ぐまれ、隔てなき微笑みが微笑まる夜である。〈以上全文、現代仮名づかいに改めた〉

『土曜日』は昭和四十九年（一九七四）に三一書房から復刻版が刊行された。久野収氏の解説によると、この巻頭文の筆者は中井正一である。

73　熱意が性格を決定

『土曜日』の創刊号を出したとき、斎藤さんは満三十三歳。松竹下加茂撮影所に入社して六年が過ぎていた。

撮影所内では〝ズボラ組〟で通し、もはや役者としての道が閉ざされていることは、斎藤さん自身が十分に認識していた。その一年前から、すでに『京都スタヂオ通信』発行に全体重をかけた生活を送っており、いつの日か、当時第一書房から発行されていた文化雑誌『セルパン』の大衆新聞化したものへの脱皮を考えていた。そうするには「有保証」のための五百円が必要で（当時の新聞紙法によって「無保証」では時事問題が書けなかった）、昭和十一年（一九三六）四月にはその金をつくって、手続きも済ませていたのである。

今までは「無保証」なので、積極的に原稿をたのまなかったのですが、今は「有保証」なので、映画人以外の人々にも、どしどし書いてもらうようはたらきかけることにしました。

かねて「文芸春秋」の筆者紹介で、住谷悦治氏、大岩誠氏、林要氏の住所を知っていたので、家の解りやすい住谷氏と大岩氏のお宅へまいり、新聞の性格を説明して、原稿をお願いしました。おふたりは、海外旅行からかえったばかり〈だった〉と思うが、ドイツのニュース館に関する原稿をいただいた。

住谷氏から能勢克男氏を紹介していただいた。下川原〈左京区下鴨〉の能勢氏のお宅をたずね、自分の希望や理想をのべた。能勢氏は毎号原稿を書くことを約され、そして中井正一氏を紹介して下さった。


十数年前、京都で発行されていた同人誌『現代文化』〔三、四号、一九六六、六八年。同人は平林一、河野仁昭ら〕に手記をよせて、斎藤さんはその当時のことをこのように書いている。

こうして中井、能勢の両氏と、斎藤さんの三人が『土曜日』の中心メンバーとなるわけだが、斎藤さんはそれまで二人の名前も知らなかった。このことは注目していいと思うが、斎藤さんの、この一種蛮勇をともなった熱意の表現が、インテリの思考回路に衝撃を与え、その後の『土曜日』の性格を決定づけたといえよう。

「ある人の原稿がむずかしく、長いので困ったことがあった。この難解な原稿は、大学生向きの学芸新聞にでも出せば、立派なものと喜ばれると思うが、庶民を対象〔原文は目標〕にした『土曜日』にはちょっと無理でした。能勢さん、中井さんは黙っていたが、私はけずることにした。半分にちぢめ、用語もわかりやすいものになおして出した。〝生意気千万な〟と筆者は怒っておられたそうですが、野人の私のやったことなので、相手にするのもおとなげないと思ったのでしょう、そのままにしてくれました」

『土曜日』を出しはじめてから二、三カ月後の、斎藤さんの思い出である。

74　新聞発行への姿勢

斎藤さんは新聞発行に取り組む姿勢について次のようにいっている。

――『京都スタヂオ通信』は人々の善意と熱意を組織し、お互いが親しみ、はげまし合うことによって、人間的に成長して自覚分子となり、無産政党に投票するようになる。それ以上の発展は、各自の意志と能力にしたがって各自がきめる。新聞はかくれた人物の発見と組織に有力なはたらきをすると思った。

自らを「非合法運動するほどの強固な意志も能力も持たない」と規定していた斎藤さんは「自分の能力に合ったやりかたで、自分の善意を生かす」方法として、新聞発行にかかわっていったのだ。

『土曜日』について。斎藤さんの手記（『現代文化』四号、一九六八年六月）からの引用をつづける。

能勢さん、中井さんのお宅へ始終おじゃまするうちに、フランスの人民戦線の機関紙『ヴァンドルディ』（金曜日）の話が出るようになった。（文化欄、社会欄、婦人欄等の各誌面を、参加した文化人が受持を定めて責任を持って書く、この新聞が燎原の火のように広がり、ファシズムとの戦いに大きな貢献をした。）私も『セルパン』〈第一書房発行、定価十銭の文化雑誌〉の大衆化したものへの夢を持っていたので、『京都スタヂオ通信』の『土曜日』化への話は急テンポで進んだ。〔中略〕

新村猛氏、林要氏、伊谷賢蔵氏、辻部政太郎氏、小栗美二氏等のかたがたが姿をみせるようになり、能勢さん、中井さんのお宅が「土曜日」の準備事務所のようになった。〔中略〕

読者の目標は、小学卒から中学卒位までの一般庶民で、良い内容を平易に書いて、親しみやすいもの、そして学生や会社員でも興味のもてるもの、これは私の希望でした。独善的な強がりや、先走ったことはさけ、良心的な商業紙としてのたてまえをとった。

当時学生の間に人気のある、林要氏の名をかりて表面に出すこと、原稿は無記名、原稿面は能勢さん、中井さん、経営面は斎藤、編集は能勢さん、中井さん、斎藤の合意でやること等が話しあわれた。

題字はフランスの新聞『モンド』からヒントを得、上部に横書きで「土曜日」と小栗美二氏の筆、中央部の絵は伊谷賢蔵氏の筆、下部の巻頭言は中井さん、社会欄は能勢さん、文化欄は新村さん、文芸時評は辻部さん、映画欄は清水光氏、音楽を長広敏雄氏、等々が重点的に書かれた。あとはどの紙面も自由に書かれたらよいわけでした。長さは四百字詰二、三枚が限度で、先生がたはこれを固くまもられた。中途から岡田正三氏〔京都大学哲学科出身のギリシャ哲学、漢文研究者。「女性教養の会」を主宰〕が参加され、松山文雄氏が風刺の利いた漫画を続けて送って下さった。

75　名前出せぬ執筆者

さて、『土曜日』の創刊号をみると、責任編集の署名者には林要と能勢克男の名前が表紙に明らかにされ、編集印刷兼発行人が斎藤雷太郎で、発行所の住所は京都市（左京区）田中飛鳥井町三一。これは斎藤さんが当時、間借りしていたところの住所である。電話が「上　七四四七番（呼）」となっている。定価は一部三銭、送料二銭。毎月二回発行（第一、第三土曜日）であった。

林要氏はその後、東京に移住して二十二号（昭和十一年十二月五日）からは能勢氏ひとりの名前になるが当時、学生の間に人気のあった、この経済学者の名前を『土曜日』の編集者たちが〝利用〟して、同氏も編集に直接タッチはしなかったが、名前を〝貸す〟ことで協力したのである。昭和八年（一九三三）治安維持法違反の疑いで検挙され、同志社大学を退職した住谷悦治氏や長谷部文雄氏とともに、同志社法学部（経済学科）の看板教授だったが、同時に当局の要警戒人物でもあった。

三一書房刊『復刻版・土曜日』に寄せた文章で、久野収氏（哲学者、当時『世界文化』のメンバーで『土曜日』にも寄稿していた）は、林氏は『土曜日』にかかわったことで、やがてそのとばっちりを受けて、幸い起訴はまぬがれたが、『世界文化』『土曜日』のメンバーとともに検挙されることになった、と記している。久野氏はまた、次のような事情にもふれている。

「中井正一が表面に名前を出さなかったのは、彼が当時、京大文学部哲学科美学の講師の職をもち、助教授のポストを約束される一歩手前にいたからである。当時の官立大学の研究室を支配したふんい気では、そのようなジャーナリズム運動に責任者として名前を出すだけでも、ポストを棒にふる口実に利用されるし三木清の先例が示すように教授たちに中傷する競争者の口には事かかないからである」

これは当時の状況を示す一つのエピソードであって、中井氏が『土曜日』に消極的であったということではもちろんない。むしろその反対で、先に紹介した創刊号のみごとな巻頭言をはじめ、はっきりしている分だけでも全三十三編のうち二十一編の巻頭言を引き受けている。

久野氏はまた「ボートが得意であった中井は、オールの一本一本を重く流れの中をくぐらせながら、水を切るときの軽さの感じの重要性をくり返し、説いてやまなかった。ダンスはもちろん、当時、リンクができはじめたばかりのアイススケートまで、実にみごとにこなすことができた中井は、〝スポーツ気分〟をもって『土曜日』を編集したといえるだろう」と書いているが、こうした中井氏の対し方が当時としては目をみはらせる新鮮な紙面に反映され、『土曜日』の大きな特色となった。

76 『世界文化』の面々

――『土曜日』の新鮮なスタイルと内容を直接規定したのは、中井正一の実践的知性と、能勢克男の弁護士、ならびに洛北消費組合での経験と、小学校中退の学歴しかもてず、しかも当時の映画人、映画撮影所の体質改革に情熱を燃やしていた編集、発行名義人、斎藤雷太郎の経歴が合作した結果であり、この合作にフランス文化を学んで、やさしく明瞭に表現する書き方を自分のものにしていた新村猛、ねずまさし（禰津正志）〔京都大学考古学科出身、在野の考古学・歴史学者。『原始社会』『天皇と昭和史』、翻訳『フランス革命』など〕たちが協力して誕生したものだと考えられる。

久野収氏は『土曜日』の中心メンバーと、その役割についてこう記しているが、斎藤さんをのぞく人たちはすべて『世界文化』の同人、あるいはその周辺にいた人である。『世界文化』は昭和十年（一九三五）二月に創刊、七十四頁、一部二十銭の雑誌だったが『土曜日』と同じ時期に弾圧を受け、廃刊に追い込まれた。この雑誌については別の機会にふれるとして、『世界文化』の側から『土曜日』の創刊のいきさつを書いた新村猛氏の文章があるのでそれを載せることにする。『回想の能勢克男・追悼文集』（昭和五十六年一月刊）に寄せたものである。

「世界文化」が発行されたのち、新しい号が出る度毎に、〔つまり毎月「美　批評」時代と同様に、〕京都大学楽友会館の二階小集会室で開く〔慣例だった〕合評会では、〔改題以前の旧同人のいくたりかは脱退したけれども、〕討議がとても活発で、出席者すべての意気は盛んであって、いつも楽しかった。

そういう定例合評会に能勢さんがいつ頃から出席されるようになったのか〔中略〕その点はさて措いて、昭和十一年一月号に「委員会の論理」（上）が掲載されて以後中井さんの勧誘に応じて出席され、同年十一月号・十二月号に映画評を寄稿するところまで参加を深めて行かれたことは確かな事実である。

この二先輩、とりわけ能勢さんが「土曜日」を創刊される――正確にいえば、斎藤雷太郎さんという松竹下鴨撮影所に勤めていた俳優がほとんど独力で創刊し主宰していた「スタヂオ通信」の改題と再発足を首唱する――契機になったのは、「世界文化」昭和十一年五月号の情報欄に私が寄稿した「週報『金曜日』――創刊から今日まで」を読んで受けられた強い感銘であった。確か五月号発刊の翌月、楽友会館小集会室でわれわれ同人が開いた合評会で、出席者たちの感想や談論の対象が三段組みの情報欄に向けられるや否や、能勢さんが真先きに発言され、「『金曜日』の創刊」を読んだ時の感激と昂奮からまだ醒めやらぬ様子で《すばらしい。自分たちもこういうものを出したいなあ》とまで附言され、テーブルの同じ側――私が東側、能勢さんが向い側＝西側――に腰かけていた中井さんも全く同感だといわんばかりの面持《おももち》であった。（「土曜日」について今日までずっと保ち続けている記憶のうち最もあざやかなのは、創刊の端緒になった、このような合評会の場景である。）

77 能勢氏を中心に

前回の、新村猛氏の思い出とほぼ同じ時期の思い出を、久野収氏は次のように書いている。

一九三六年、二・二六事件の勃発と、それに続く長期間の戒厳令に直面させられ、われわれ『世界文化』グループは、軍部独裁政権の樹立と、その中国侵略が早急にせまっているのではないかと直感し、かなわぬまでも、この急激ななだれ現象を少しでも防ごうと考え、フランスでの『ヴァンドルディ』〈金曜日〉の発刊に刺激されて、よりよい『ヴァンドルディ』のような文化新聞を出せないものだろうかと話しあっていた。中井正一は、かねて〝第二の防波堤〟の必要と、そのための準備を語っていたが、いよいよ、その時が来たと判断したようであった。

ちょうど『世界文化』を背後から支持してくれていた住谷悦治氏――能勢克男、林要、中島重たちとともに、同志社大学を左翼との言いがかりで追放された教授グループの一人——から、『京都スタヂオ通信』を発展的に改組して新出発させてはどうかという話があり、能勢克男の回想によると、『世界文化』の定例研究会で、「〝今度は、能勢氏が出て引きうける番だ〟と中井と私がいった」という。たぶん、事実であろう。〈復刻版・土曜日に寄せた文章から〉

能勢氏は昭和四年（一九二九）の同志社騒動で、長文の抗議文を提出して同志社大学教授の職を辞し、自宅で弁護士を開業。この年、京都家庭消費組合を設立。消費組合運動にとりくんでいた。

同じころ、『世界文化』の同人で定例の合評会にも同席していた和田洋一同志社大学名誉教授は「能勢克男は文化人のタイプであって、法律学者のタイプでは全くなく、思想的には無産党系の右からすこしずつ左へ変わっていったという意味で珍しい人でした」と語り、能勢氏が昭和十年（一九三五）以降、スペインやフランスの人民戦線派の勝利を非常に喜び、月一回開催される『世界文化』の合評会にも出席するようになった、と当時を回想している。

斎藤さんが、金五百円也の国債を保証金に出して、有保証の新聞にした『京都スタヂオ通信』を土台に、新しい新聞の構想をもって中井、能勢氏をたずねたのは、ちょうどこの時期であった。

斎藤さんの『セルパン』を大衆化した新聞と、フランス人民戦線派の『金曜日』に共感を示していた中井、能勢氏の考えが『土曜日』に結実するまで時間はかからなかった。

「お互いは知りあって日はまだあさいが、いろいろ話をするうちに、お互いの考え方や人柄に信頼が生まれて、これならやれると思ったからでした」と、斎藤さんはいう。中井氏は後に「斎藤氏は話のよくわかる人だと思った」と述懐していたという。

78 わかりやすく書く

斎藤さんが編集会議で、とくに強く主張したのは①発行日を守ることと②わかりやすく書く――の二点だった。

『土曜日』が一、二回出た後の〆切近いある日、「有力執筆者の原稿が少しおくれるので、発行日を二、三日おくらせてはどうか」との話が出た。気付かっていたことがおきたのです。私は原稿は発行日を念頭において書くことが多いし、おくれることによって、他の原稿が気のぬけたものになることがあるので、発行日はぜひ守ってほしい。守れない人は、守れるようになってから、参加してもらうことにしてと、予定通りの発行を強く主張した。

おくれる筈の原稿は間に会い、その後こんな問題は二度とおこらなかった。当事者としてはつねに執筆者、読者、広告主、印刷所等の都合を考えて、関係者に無駄手間をさせぬよう、きめられたことは守ってもらえた。このことは最後まで実行された。〔「『土曜日』について」『現代文化』四号、一九六八年六月〕

当時の文化運動をふりかえって（とくに左翼人士は）政治優先になって経営を着実にしようとしない、という欠陥はしばしば指摘されるところだが、『土曜日』がこのことを克服している点は、あらためて見直していい。斎藤さんの経営手腕が光るところでもある。それは次のようなことにもあらわれている。

くつろいで気軽に読めるもの、これが私の願いなので、「学生相手ならば、筆者の先生がたは、平常のようにすらすら書いたらよいでしょうが、庶民相手の『土曜日』に書く場合は、文章や用語に心を使って、解りやすく平易に書いて下さるよう、これが大衆の中へ、大衆と共にの実践のむずかしさと、苦労があるわけですから」とくりかえし主張するのが私の希望でした。能勢さん、中井さんは、「それはよく解っているのだが、とり上げる問題がむずかしいものであるから、自然用語も文章も、ある程度固いものになりがちになるのは、仕方がない」と云うのが、くりかえされる結論でした。

このおふたりは、私の強い要望に対して、文化運動のためとは云え、少しでも私の希望にそうよう、お心使い下さった。その誠実さと寛大さに涙が出る程ありがたいと思った。〔前掲書〕

斎藤さんの主張を受け入れる素地と体験が、中井、能勢の両氏にあったということである。『世界文化』がまた、当時の進歩的インテリをとらえた党教条主義を排し、組織からまったく自立した人々の集団であった。同人たちはあらゆる立場を認めあい、すべての問題を政治の場で解決しようとする立場はとらなかった。『土曜日』の執筆協力者のプールとなった『世界文化』の性格と経験が、『土曜日』にゆるやかな幅をもたせたともいえるだろう。

79　検閲に細心の注意

昭和十一年（一九三六）七月四日付で『土曜日』は発行された。誰に見られてもはずかしくない形と内容をそなえたものであった。本屋の店頭にかざられた『土曜日』を見た時、これで自分の念願したものへの第一歩が始まったと思った。知人に批評を聞いて回ったが、評判はよかった。どの紙面にも執筆者の善意と熱意があふれていて、心あたたまるものでした。欲をいえば、私の考えていたものより、少し固い内容でした。学生やインテリにはむいても、一般庶民にはなじみにくいと思った。

斎藤さんの、編集者としての努力はここから、この新聞の内容を下へ、下へと引きもどすことに向けられていく。「執筆者の多くの大学の先生がた」と、小学中退の斎藤さんの〝引っぱり合い〟の力関係が『土曜日』のなかで、常にかっとうをくりかえしていたともいえよう。

斎藤さんの、もう一つの目配りは次のようなものだった。

「無保証」時代も「有保証」になってからも、当局の検閲にひっかからないよう、細心の注意をはらった。商業紙は勿論のこと、あらゆる出版物を手に入れるよう心がけ、本屋の店頭、回読雑誌等で検閲の限界がどの辺であるかを探究した。これは不必要な犠牲者を出さないためで、『土曜日』になってからも、常に時代の動きに注目しつつ、このことはつづけた。〔『土曜日』について〕

『現代文化』四号、一九六八年六月〕

この時代の「不自由」がどんなだったか、同時代を生きた和田洋一同志社大名誉教授が、次のように語っている。

私が卒業論文を書いていたころ、それは昭和四年（一九二九）の秋ですが、「平和」という言葉をもう人まえで言えなくなったことにふと気がつきました。満州事変がはじまったころ、昭和六年（一九三一）にはもう「戦争反対」など、あぶなっかしくてとても口に出せない空気になっていました。昭和八年（一九三三）になると〈この年、京大滝川事件〉思想の自由や学問の自由をさけんだだけで、「危険思想だ」「アカだ」とみなされ、留置場にほうりこまれそうになってしまっていました。空気というのはまことに怖ろしいもので、沈黙が唯一の保身の術となりました。その次には、沈黙していてもいけない。「天皇陛下万歳！」をさけび、日の丸の旗をふって愛国の歌をうたわねばならないというふうに変わっていくのです……。

『土曜日』発行に関する会合も能勢、中井の両氏と斎藤さんの三人だけで行うのが常だった。「それ以上の人間が定期的に集まると特高の目をひく」ので、それを警戒したのだ。他の執筆者との連絡は個々にするようにした。

80　当初は部数伸びず

一時期、発行部数八千にも達し、当時の京都における有力日刊紙である『京都日出新聞』から吸収合併の話まで持ち込まれたという『土曜日』も、当初の売れ行きはよくなかった。斎藤さんは次のようにそのころのことを回想している。

なじみがなく、宣伝もしないので仕方がないが、二回三回もふるわない。内容が問題でなく、宣伝もしないで、店頭に一寸出た位では手にとって見ても買うほどの気はおこらないとみえる。

本屋の店頭で真面目な出版物を買わせると云うことが、いかにむずかしいものであるか身に沁みた。京極付近の本屋に立って、様子を見ていたが、手にとって見る人はいても買う人は少ない。長い間様子を見ていて、『土曜日』を買う人があると、おがみたいほどうれしかった。わずか三銭でも、なかなか買わないものである。

学生やサラリーマンなら、読みなれた『文芸春秋』か『セルパン』にしておくでしょう。私が目標にした、店員、勤労者、おかみさん連中等々の人々は、本屋の前に立つことも少いし、『土曜日』を置く店は、京極付近を中心にした本屋と、学生街付近の本屋ですからそのかずは少ない。大阪へも出したが、これも盛り場を中心にした本屋なので、数は限られていた。取次店も売行から見てしか、一店あたり五部か十部、よく売れそうな店で、二十部から三十部おくと云ったふうでした。

〔中略〕

執筆者に本当のことを聞かせて、イヤ気をおこさせてはまずいので、取次店にも連絡して売行は上々と誰にも宣伝した。これは広告主への作戦上にも必要でした。もともと内容に自信があり、かならず売れると思うし、また売れる『土曜日』にしなくてはと思った。

印刷費は広告収入でまかなえるので、〈経営上〉売行なぞ問題ないのですが、売れると云うことは、読まれると云うことでもあるので重要でした。それがお義理でなく、赤の他人である世間の人々が、三銭出して『土曜日』を店頭で買う、《『土曜日』の成否は〉その内容と売れる部数に問題のカギがあるのです。〔「『土曜日』について」『現代文化』四号、一九六八年六月〕

執筆者ら関係者がすすんで年間読者をつくってくれ、さらに、執筆者が責任をもって十人、二十人の読者をつくろう、という案も出たそうだが、斎藤さんは反対だった。

「毎号定期的に書くという責任を負った執筆者に、それ以上の負担をかけて、イヤ気を起こさせては何にもなりませんから。そのかわり、いい内容をわかりやすく書いたものを、期日までに届けて下さることだけ求めました」

斎藤さんのこの判断は、結果として『土曜日』を同人誌的な枠組みから解き放ち、読者を広げることにつながった。

81　読めば、ついてくる

『土曜日』の発行について「だれからも金をもらわないし、また、だれも金を出した人はいなかった」が、能勢、中井の両氏と斎藤さんは、この間、何回も会合を重ね、ときには食事もし、酒が出たりもした。会合の場所は、下鴨の能勢、中井両氏のどちらかの家であったから、そのための費用は二人が負担した。「相当の額になったと思いますよ」と斎藤さんはいう。

こんなこともあった。

『土曜日』の第一号の校正に三人で印刷屋へ行った帰途、出町の叡電前にある「キネヤ」という大衆食堂に寄った。そこで、斎藤さんは、

コーヒーの付いた三十銭のランチを、注文しようとしたが、ふところの都合で二十銭のライスカレーを三つ注文して、水でそれを喰べた。代金は私が払ったが、後で中井さんが気の毒がって居た。私も先生がたに、水でライスカレーはひどかったと思った。〔「『土曜日』について」『現代文化』四号、一九六八年六月〕

斎藤さんは、費用について実に細かく記憶している。

印刷屋に支払う金は、タブロイド六ページの組み、刷り、紙代ともで一千部三十円、後に値上がりして三十五円。増紙分は刷りと紙代で一千部十円、値上がりして十二円だった。

広告代は一段五分の一が一円五十銭。これは『京都スタヂオ通信』（一千部）時代から同額で、『土曜日』が七、八千部に伸びても値上げしなかった。「つづけて出して下さる広告主への感謝のしるし」だった。

刷り上がった『土曜日』は、一部一銭五厘で取次店へ、取次店から二銭で本屋へ、本屋は三銭で売る。「本屋としては二、三十部売っても手数だおれだったと思いますが、店頭のいい場所にかざってくれました。文化運動を助けるという気持ちからだったと思います。どこにも善意の人がいるものだと、感謝せずにはいられませんでした」

斎藤さんはこのあと、『土曜日』の宣伝をかねて、広告主の喫茶店に二、三十部ずつ無料で進呈することを思いつく。喫茶店の各テーブルに、その『土曜日』を置いてもらって、お客に見てもらおうというわけである。

「無料だと気まぐれにでも見てくれるでしょうし、読めば必ずついてくると思った」

斎藤さんのこの思惑は見事に当たった。お客のなかには『土曜日』を持って帰るものも出てくる。なくなったら、また新しいのを置いてくれるようにたのんでいたので『土曜日』の評判は、斎藤さんにも手にとるようにわかる。自信を得た斎藤さんは折をみて、喫茶店の主人に百部、一円五十銭でサービス用に買ってくれるよう話を持っていって、何軒かの店が応じてくれた。

82　増え続ける喫茶店

斎藤さんが、喫茶店に目をつけて『土曜日』の販路を拡大したことは、都市における新しいコミュニケーションをひらいたわけで、いまのタウン誌のあり方の原型をここにみることもできる。

斎藤さんが愛読していた雑誌『セルパン』の、昭和十年八月号に作家の田村泰次郎による〝喫茶店縦横談〟という記事が掲載されている。『明治大正昭和・世相史』（加藤秀俊他著、社会思想社、一九六七年）では、この年のトピックとして喫茶店の流行をとりあげ、前記の記事を載せているので、そこから引いてみよう。

> 喫茶店――ことに大喫茶店の流行は大変なものである。今日では喫茶店は文学青年のシェストフ（ロシアの哲学者。『悲劇の哲学』によって一九三〇年代の思想弾圧下、知識人の間で流行）的洞窟から、現代人の「街のサロン」にまで開放された。
>
> 喫茶店は自分の家に適当な応接間を持たぬ小市民共通の応接間であるばかりでなく、実業家や商人の安直な取引きやタイ・アップ打ち合わせの場所である。
>
> 東京中の喫茶店の数は約一万五千、そのなかに、いわゆる純喫茶といわれるものが三千、そこに働く女性五万という数にのぼる。
>
> 東京全市を通じて喫茶店のない街はない。最近はコーヒーなどを飲ませ、西洋古典音楽や軽音楽のレコードをかけている、いわゆる純喫茶が続出しているが、これがバーやカフェ、カフェから転じた特殊喫茶、社交喫茶と区別されて、独立に存在しだしたのは、もうかなり前のことだが――銀座のまんなかに大資本による大喫茶店が出現したのは、ようやく昨年あたりからである。
>
> 店の建築や調度の様式にちなんで名付けたもの、あるいは名にちなんだ様式の店を作ることはひとつの習慣である。銀座の『山の小舎《こや》』新宿の『山の小舎』などはそのもっともいい例で、いかに

も山小屋らしい。高田の馬場の『紅雀《べにすずめ》』本郷の『ブラック・バアド』など、花や鳥の名を店につけることが、喫茶店の初期には流行した。『リラ』『クロオバア』『鈴蘭』『コマドリ』『青い鳥』などといった名前の店は、どこの街にもあった。

この記事はさらに、喫茶店の店名に関する考察がつづく。外国の有名な画家、音楽家、文学者やその作品、店のマスターの姓や名、あるいは「紫烟荘」「胡蝶」など大喫茶には日本的な名前が多い、といったふうである。

これは東京中心にみたものであるが、このころから京都でも次々に喫茶店が生まれた。音楽喫茶室「ビクター」「バックストリート」「フランソア」あるいは純喫茶「アカネ」「花屋喫茶店」、果物と喫茶「クラブ香果園」、ダンスミュジック「ランチェラ喫茶室」、藤井大丸「デリカシー喫茶室」や「ザアリヤ」「みそ乃」「ルムバ」「カレドーニャ」などの名が『土曜日』の広告にもみえる。

83　家庭にない雰囲気

『京都日出新聞』の昭和十年九月十六日付、家庭学芸欄に

家庭に欠けた〝物〟を補う？
喫茶店の動き
その将来性に対する

サゼッション三つ
の見出しがついた記事が掲載されていて、喫茶店のありようが当時の先端風俗として注目されていることがわかる。記事の一部を、現代仮名づかいになおして引用してみると、

忙しい都市生活者にとってフト盗まれた〝幸福の一瞬〟を充たして呉れる喫茶店は、その発生の理由から云っても常に時代の尖端に立って、しかも大衆の趣味の傾向に鋭い洞察が払われていなければなりません。あのアクドイ、キャフェーが飽かれた跡に颯爽と台頭して来た喫茶店も、今日この頃では経営主の熱心な意図に拘らず気まぐれな青年達には少しづつその魅力を失われつつある様に感じられます。

と、流行の喫茶店に早くもかげりを予兆するあたり（結果的には見当はずれだったようだが）いたずらに先を急ぐ新聞記事の正体をみせつけられているようでもある。筆者は次に「未来性に暗示を与える」喫茶店のありようを説いている。ついでに抜き書きしてみる。

▽野天の喫茶　フランスあたりによくあるもので、今日の様に室内の一部が延長された〝マイ・コジー・コーナー〟ではなくて街路に面した邸宅の広場に華やかな天蓋を張って庭園の中に散在したテーブル、椅子に自由に腰掛けることが出来、〔中略〕のびのびした花壇の雰囲気の中で集団としての社交を楽しめるのが特色です。

▽舗道の喫茶　都会の片隅にガソリン・スタンドのような円形ガラス総張りのどこまでも明るい温室です。〔中略〕ビジネスマンや運転手君らがそれこそ一服の〝バット〟に生命のガソリンを仕込む所です。〔中略〕ここにも欲しいものは十六、七の聡明な少女のサービスです、コーヒーや紅茶も出来るだけ実質本位をモットーとさるべきです。

▽会話の喫茶　一杯の〝コーヒー〟に三銭乃至五銭位の会話券が添えられ気の利いた話術を持った綺麗な女性が〔中略〕爽かにお相手をする義務があります。勿論この婦人達は出来るだけ教養の高いしかも重苦しい教養をケロリと忘れて了った良いお姐さんでなければいけません。下品な会話や野心的な誘惑を持った紳士は断乎排撃を食うべきです。

筆者はこの中で、「喫茶店の流行心理の根本的基調をなしているものの一つ」は、国民の平均収入が少ないため家庭文化の水準があまりに低く「家庭の醸《かも》す雰囲気が残念ながら喫茶店の雰囲気に及ばぬ惨《みじめ》さがある」からだといっている。先の田村泰次郎の「小市民共通の応接間」という見解とも共通している。

が、京都の喫茶店は学生の存在を抜きには語れない。

84　学生のたまり・鎰屋

三高時代の河野健二さん（京大名誉教授）が、はじめて『土曜日』を手にしたのは、いまも四条小橋を下がったところにある喫茶店「フランソア」であったことは、この連載の最初に書いた。「ノンポリの学生であった」という河野さんは、この店がクラシックの名曲レコードを豊富においていることもあって、よく通った。コーヒーが十五銭で、当時としては高い方であったが、趣味のよい絵を飾ったりして学生や、若いサラリーマンに人気があった。

そのころの喫茶店で、河野さんが思い出す名前は他に鎰屋《かぎや》、コマドリ、ブラジレーロ、デリケッセン……。

寺町通の鎰屋は、梶井基次郎の『檸檬《れもん》』によって日本文学史のなかに名をとどめているが、店は戦前になくなった。

小説のなかの〝私〟――それは大正末期の三高生、梶井自身と重なりあう。――一人取り残された友達の下宿をさまよい出て街から街へ、裏通りを歩いたりして、とうとう〝私〟は二条の方へ寺町を下がり、そこの果物屋で足を留めた。この店が、いまも寺町二条角にある「八百卯《やおう》」であることはよく知られている〔八百卯は二〇〇九年に閉店〕。

「近所にある鎰屋の二階の硝子窓をすかして眺めたこの果物店の眺めほど、その時どきの私を興がらせたものは寺町の中でも稀だった」と、小説のなかに出てくる鎰屋について、松田道雄さんは『京の町かどから』（筑摩書房、一九六二年）で次のように書いている。

「鎰屋というのは京都では有名な菓子屋であった。京都の古い菓子屋にめずらしく、和菓子のほかに洋菓子もつくっていた。建物も洋風で、二階を喫茶店にしていた。三高や大学の学生が夜の町へでかけていく前進基地になっていた」と。大正十五年七月、河原町通に丸太町から四条まで市電が開通して、やがて河原町に客をとられていったが、それまで寺町通は四条につぐにぎやかな町だった。

熊野から丸太町通の古本屋をぶらついて寺町を下がり鎰屋による、それから丸善（三条御幸町にあった）に入って、京極を下がって四条通のコマドリへ行くというのが、当時の三高生の一つの散歩ルートになっていたのである。

『檸檬』の主人公も、果物屋で買ったレモンを手に丸善にあらわれ、そして、活動写真の看板画が街を彩っている京極を下がっていくのだが、時代を少し下って松田道雄さんは「鎰屋の二階が私の精神史には重大な里程標になっている」という。

三高の三年のときだったから、昭和二年だ。その前年から『文芸戦線』をよみはじめた私はマルクス主義の「独学者」になっていた。京大学生事件〔一九二五、二六年、京都大学、同志社大学などの学生社会科学連合会（通称、学連）メンバーが治安維持法等違反で有罪となった事件。治維法の初適用事件〕のことをよく知っていたので何らかの組織と接触することには極度に警戒していた。だが、私が大きな決心をしてはじめて左翼的な組織と文字どおり接触したのが、この鎰屋の二階だった。

85　三高生に人気の店

そのとき、松田道雄さんが鎰屋の二階に出かけたのはそこで、プロレタリア演劇集団である前衛座の座員が学生と座談会をやるというハリ紙を学校でみたからだった。この種の会合にはどこかで目を光らせていた特高が「来るかと思っていた」が、あらわれず、座員は学生の幼稚な質問にていねいに応じてくれたという。そして「この座談会は、たしかに私を一歩左におしやった」と、松田さんは書いている。

ここにはまた、お朝さんという美人の女給さんがいて、三高生の間でモルゲンと呼ばれて大そう評判であった（中谷孝雄『梶井基次郎』筑摩叢書、一九六九年）が、上品な店だったから手を握るとか、そんなことはダレもしなかった（和田洋一氏）という。

昭和十年（一九三五）を過ぎるころになると、世相はしだいに軍国化の一途をたどり、学生生活の自由も圧迫されはじめるが、そんな時代にあって喫茶店は、しばしの解放の場と、憩いの時間を学生たちに提供した。「カレドーニャ」と「フランソア」は、当時の三高生に人気のあった喫茶店である。『土曜日』の昭和十一年九月五日号に次のような広告が掲載されている。

京に誇る　西班牙《スペイン》風大喫茶室
カレドーニャ
四条河原町（上ル）東入　五日開店

ということは、この日に開店したということか。この店には「話すとき笑顔で少し首をかしげる、目の大きい美人」がいて「彼女のささやくような会話が魅力的であった」そうだ。

また、それより少し前の『土曜日』七月十七日号には「藤井大丸地階に　デリカシー喫茶室ひらく」の広告があり、

壁面に、飾柱に、ファニチュア、銀器、陶磁器、食器に至るまで凝《こ》りに凝った趣味豊かな作品、
それによって醸し出された室の雰囲気は、こよなき落付きを見せて居ります。
御飲物一切それに軽い一皿ものの料理にも、本格的の調理の粋を利かせて居ります。
冷房完備
営業時間　正午より午後十時まで

という広告文がついている。二段五分の二のスペースで、室内のスケッチが付され、この喫茶室への力の入れようが伝わってくるようだ。当時の喫茶店で、いまも健在の「フランソア」店主、立野正一さんによると、藤井大丸百貨店の藤井正三社長が大いに張り切って開店したそうで、室内中央には特別あつらえの大理石を敷いたステージを設置、ここに大きな蓄音機がすわっていた。

蓄音機と、上品な美しいお嬢さんが、当時の喫茶店の必須条件であったようだ。

86　浮かぶ喫茶店地図

昭和十一年夏から翌年秋にかけて刊行された『土曜日』の紙面から、次に喫茶店の広告をひろい出してみる。当時の京都の喫茶店地図が浮かぶのではなかろうか。

▽クラブ香果園＝河原町六角西宝塚劇場前　果物と喫茶、フルーツみつ豆　京極のお帰りに、河原町の御散策に、是非お立寄り下さいませ

▽ビクター＝四条河原町上ル東入　音楽喫茶室
▽アカネ＝寺町二条下ル　純喫茶、冷めたいリンゴ酒御試飲下さい、ＲＣＡビクター演奏
▽バックストリート＝四条河原町上東入ル　ＲＣＡビクター自動交換機設置
▽フランソア＝四条小橋西詰南入西側　古典・近代・現代の名曲レコード及英仏ＨＭＶ盤豊富・毎月ビクター並にコロンビア洋楽新譜レコードの発表演奏を致して居ります
▽花屋喫茶店＝〈住所記載なし〉電本（２）６７３７　都会生活に重要な役割を果す店
▽藤井大丸デリカシー喫茶室＝寺町四条角　高雅なサロン　本格的な調理
▽ランチェラ喫茶室＝四条河原町西入上　ダンスミュジック
▽みそ乃＝植物園電停南前　音楽と喫茶の店
▽ザアリア喫茶室＝河原町蛸薬師西　純音楽喫茶室
▽茶房ルムバ＝南座前北入ル　独特の音楽、美覚のエンジョイ、都大路の近代人向グリル
▽和楽喫茶室＝河原町六角下ル東側　喫茶と軽い食事
▽カレドーニャ＝四条河原町東入　京に誇る西班牙風大喫茶室
▽光誠堂喫茶部＝京大農学部東入ル　菓子と食料品、パンと喫茶、明るい店・感じのよいホール
▽ノラクロ喫茶堂＝下鴨宮崎町糺ノ森　御勉強疲れのひと時を静かな音楽と紅茶で
▽アメリカヤ本店＝河原町四条上ル東側　一階はセコンドハンドのメリケン物屋、二階は純喫茶室
▽雲仙茶房＝新京極六角東松竹座横
▽異人館茶房＝河原町六角書籍会館前東　静かな片隅が皆様のお出でをお待ちして居ります

▽ウヰンナ喫茶室＝京大農学部電停前　少女店員募集
▽僕の家＝東一条西入　ガラス戸がゆれて、ふと香るフリジヤ、紅茶の湯気に眼鏡が曇って、
▽夜の窓＝河原町六角東　宝塚ジェンヌの喫茶
▽ヱスパノ喫茶室＝河原町四条上ル東側　ＲＣＡ新鋭機新設　雪の日も風の日も御好みのレコードをいつも楽しく…
▽純喫茶ヤナギ＝川端通今出川大橋上ル　静かな音楽・明るいルーム
▽喫茶モンバン＝京極松竹座前　雅味豊なうす茶　階上軽い御食事の用意もございます
▽茶房白牡丹＝新町仏光寺南
▽カレドーニア＝大阪・南区周防町

『土曜日』の大阪進出が広告欄にもみえる。そして、ここに載っている喫茶店の多くは広告主であると同時に新聞の販路でもあった。

87　「フランソア」開店

四条小橋下ル西側の「フランソア」は昭和九年九月二十四日に開店、京都でいまも残るもっとも古い喫茶店の一つだろう。

開店当時そのままに「仏蘭西（フランス）風喫茶」の看板をかかげ、オールドファンもよく顔をみせる。

主人の立野正一さん、留志子夫人ともに健在で、『京都スタヂオ通信』時代からの、斎藤さんの協力者である。しかし、当初は新聞の内容に共鳴して、というより斎藤さんの人柄が気に入って「広告をつきあっていた」というふうだったが、やがて『土曜日』の構想をきいて「大いに賛成して」協力するようになる。

このことは、立野さんの経歴を少したどればうなずける。

絵が好きで十一歳のとき京都に出てきた立野さんは、京都市立美術工芸学校に入るが、画家志望の文学青年というような「どっちつかず」の生活をおくるうち、大杉栄の影響を強く受ける。昭和に入ってマルクス主義が台頭、美術界にもプロレタリア文学運動の波が押し寄せてきて、昭和四年（一九二九）には絵筆を折って、立野さんは実践運動に入って行く。河上肇氏の書生兼護衛役のようなことをやり、翌五年河上氏が上京したあとは、氏の義弟で銀行員を辞して京都で社会主義運動に身を投じていた大塚有章氏のもとで、労働組合運動にかかわっていく。

立野さんによると、当時の労働争議は会社が暴力団を雇い入れて運動を弾圧してくることが日常茶飯事に行われた。これに対して、ある友禅工の大争議で、立野さんが副隊長として工場襲撃をやったが翌日、メンバーは一斉検挙され、立野さんは懲役二月の刑を受け山科刑務所に入った。昭和五年の暮れから翌六年にかけてだったという。

立野さんが出てくると、大塚氏は地下活動に入る準備をしており、やがて京都を離れていったが、立野さんは着物の絵付けをしてメシを食い、左翼運動の「手伝い」をつづけた。版画家の浅野竹二さんが『赤旗』のプリンターをしていて（昭和七年ごろ）、それを手伝ったり、レポーターに従事していた。いまも「フランソア」の壁面を飾っている古いパリの地図はこのとき浅野さんからもらったものだという。

立野さんが喫茶店を開くきっかけは、河原町蛸薬師にあった「ザアリヤ喫茶室」に立ち寄ったことによる。

「ザアリヤ」は暁を意味するロシア語。左翼運動に関係していた立野さんにはピンとくるものがあってぶらっと入ったのだが「蛇の道はヘビ」たちまち店主と気が通じ合い、そこで居候して店の手伝いをするようになる。店主は黒田弥一といい、牧野省三の息子だったが、友人に共産党員だった「と思われる」吉見光凡という男がいて、彼のシンパだった。商売の方は立野さんによると、いかにも坊ちゃん商売で、これなら自分がやった方がうまくいく、と思ったという。

88　兵隊も『土曜日』読む

「フランソア」の店名はフランスの画家、ジャン・フランソア・ミレーから付けたものだが、さらに逆のぼると、立野さんが十六、七歳のころから敬愛していた後期印象派の画家ゴッホが、ミレーを尊敬していたことにもよる。立野さんはふりかえって、自分が社会主義運動にかかわっていくようになった根っこはゴッホの生きように影響されたところが大きい、と思う。店名にはそういう思いがこめられていた。

開店にあたって立野さんは、当時のコーヒーの相場が十銭であったにかかわらず、十五銭にした。「ザアリヤ」の店主、黒田さんの姉がやっていた「ビクター」が、アメリカの蓄音機を据え、美人の女給をおいて十五銭でやっていたのにならったのである。

「十五銭にすれば妙な連中は来ないだろう、ということもあったのですが、かけ出しのくせに太え野郎だといわれた……」

室内には十九世紀フランスの名画の複製を飾り、レコードは当時やっと日本に入りかけたシャンソンもとりあげるなど、レコードは百枚たらずしかなかったというが、選曲には定評があった。

お客は、経営者の思惑どおり三高や京大、同志社の学生が中心だった。『土曜日』をおくと、それを持ち帰るものも出て、たちまちなくなる人気。やがて、持ち帰り自由を前提に毎号、二百部を買いとるようにした。

学生だけではない。日曜日になると、十六師団（伏見区）の兵隊さんが五、六人、きまってやってきて『土曜日』を読んでいる。「まだ〝土曜日〟は出てないか」といってやってくるようになった。

例えば『土曜日』には▽準戦時＝増税の不平を云わせぬまじないのこと▽不可侵条約＝チョイチョイ戦争をすること▽確かな筋＝ファッショのこと▽陥落入城＝陥落は大臣達が砲火を避けること。入城は市外にいること――など時勢を皮肉った「新編濫用語辞典」と題したコラムがあったり、あるいは「無理をするな」という見出しで――満州で防寒具をつけた、まだ改良されない兵隊さんは背が低いので、改良された馬に乗るのに骨が折れた――というような記事が出ている。

そんな新聞を、軍人が待ちこがれて休日に町に出て読んでいたというのである。

また別の席では、学生たちがクスクス笑って『土曜日』を読んでおり、いつ果てるともしれないディスカッションをしている別のグループもあった。

喫茶店を拠点に町に出た『土曜日』は、そこで学生や若い軍人までとりこんで、歴史の総体の流れとは別の空間をつくり出していたわけだ。

「フランソア」にもまた、三高生らに大いにもてた女性がいた。名前を辻久子さんといい、いまも京都市内で健在である。同店第一号の「女給さん」で、おさげ髪の、まだあどけない少女だった。

89　迫り来る弾圧の手

ここで、『土曜日』が刊行されていた昭和十一、二年（一九三六―七）の世相をうつし出すような事件をひろい出してみよう。

昭和十一年▽二・二六事件（二月）▽メーデー禁止（三月）▽国号を「大日本帝国」に統一（四月）▽阿部定事件（五月）〔阿部定が愛人男性を扼殺し、局部を切り取った猟奇的事件。懲役六年の服役後、一九四一年に恩赦出獄〕▽ベルリン・オリンピック、二百メートル平泳で、前畑秀子優勝（八月）▽ひとのみち教団検挙（九月）〔PL教団の前身であるひとのみち教団は一九三七年、国家神道との違いによる不敬罪を問われ解散を命じられた〕▽人民戦線運動弾圧、千余人検挙（十二月）〔一九三七年末から、反ファッショ人民戦線の結成を企画したとして合法左翼運動の弾圧がはじまり、翌年の『土曜日』関係者の逮捕も京都人民戦線事件と呼ばれる〕

昭和十二年▽文部省、「国体の本義」を出版（三月）〔文部省が一九三七年に編纂、刊行、配布。日本は皇室を宗家とする一大家族国家であるとし、国民の天皇に対する絶対随従を説く〕▽寄付金つき愛国切手発行（六月）▽「兵士家族の救済」「兵士の賃金全額支払い」などのビラが東京、大阪、北海道でまかれる（七月）▽国民精神総動員実施要綱が発表（九月）▽関東・東北地方、初の防空演習（十一月）▽矢内原忠雄東大教授、反戦的筆禍事件で辞任（十二月）〔矢内原は一九三七年、『中央公論』掲載論文が検閲で削除処分、大学内外で反戦的言論を批判され、事実上の追放〕▽人民戦線第一次検挙（十二月）▽日本労働組合全国評議会など結社禁止（十二月）

以上は『明治・大正・昭和世相史』（社会思想社）の年表から適当にピックアップしたものだが、昭和十一年九月には「庶政一新」をスローガンに広田弘毅内閣が発足、この内閣から陸海軍大臣は現役大中将に限ると定められた。また、昭和十二年の「国民精神総動員」では▽堅忍持久▽国内相剋・軍官民対立の一掃▽パーマネントはやめましょう▽一汁一菜▽享楽廃止――などが叫ばれた。

「フランソアア」のマダム、立野留志子さんによると、学生が妹をつれてきても警官が目をつけて交番まで連れていった。

十二年七月七日の盧溝橋事件は、その後八年間に及ぶ日中戦争の始まりとなるのだが、ちょうどそのころ、「フランソア」の主人、立野正一さんは治安維持法違反で検挙された。『赤旗』の印刷を手伝ったり、レポーターに従事していたことで特高に目をつけられていたのだ。立野さんが懲役二年の判決を受け、山科刑務所に服役している間、店の方は奥さんの留志子さんがきりまわし、「出てきたときは金がたまっていた」と、立野さんは笑う。

検挙される直前の七月四日、立野さんは『土曜日』編集部の催しでともに琵琶湖に遊んだ。

その日は『土曜日』発刊一周年の記念の日で、編集部で企画し、「これまで何かと助けて下さった人、手伝って下さった人たちと共に琵琶湖の水の上に一日を過ごした」のである。「婦人、子供を入れて総勢七十人」が参加した、と同年七月二十日付の『土曜日』は伝える。

このとき、立野さんは副業に写真の仕事（DPE）をやっていたので〝写真班〟を引きうけ、ドイツ製の高級カメラ、ローライフレックスを持っていた。当日の写真は、その直後に立野さんが検挙されたので、友人が気を利かしてフィルムを棄てた。

水の上の『土曜日』――の記事は「来年はもっと大勢で、もっと盛大に記念の一日を送ろう」と締めくくってあるが、弾圧の手はすぐそこまで伸びていた。

90　特高のデッチ上げ

後日警察で、大したことも書いていない『土曜日』をなぜ弾圧するのかと問うと、一部ずつ見ておれば大したことはないが、続けて見ていると、反社会性の精神が流れているのがはっきりする、それが読者に大きな影響をあたえるので、問題になるのだとの答えだった。いいところを見ていると思ったが、結局、権力に反対するものはどんなものでも、いつかは弾圧される。口実は後からいくらでもつくということである。私が検閲の限界を探究し、当局の検閲にひっかからないよう細心の注意を払ったのは、『土曜日』を永続させるための手段であったが、どちらにしても当局が定める時期に弾圧される運命をもっていたようである。〔「『土曜日』について」『現代文化』四号、一九六八年六月〕

斎藤さんはこのようにふりかえっているが、前年の昭和十年に文学雑誌『リアル』同人の検挙に始まり、『世界文化』『土曜日』『学生評論』、さらに『京大俳句』（一九四〇年、『京大俳句』誌の主要会員十五人が治安維持法違反で逮捕され、同誌は廃刊においこまれた）にまで及んだ京都の文化運動に対する弾圧は、いってみれば特高のフィクションだった。

昭和三、四、五年ごろにかけての激しい弾圧によって、日本の共産党は同八年には事実上、壊滅にちかい状態であったから、追求の意味は大してなかったのである。このころの特高の弾圧について、

松田（道雄）…向こうが作った筋書にはめたんですねえ。

天野（忠）みせしめですわなあ。そして点かせぎ…。

松田　月給もらって特高やってるわけでしょう。何にも事件なかったら、何してるんや、ちゅうことになる。やっぱり、何かつくらんならん…。

と、いうような見方もできるわけである。（昭和五十五年、本紙連載「洛々春秋」から）

そのことはまた、ある意味では特高自身がよく知っていた。

『世界文化』の同人だった和田洋一さんは、このときの一連の弾圧で検挙された一人だが未決中、特高出身の巡査部長から「和田先生がマルクス主義者、共産主義者でないことは、誰よりも一番私が知っています。……和田先生はもっとたたかわなけりゃいかんのに、ちっともたたかわなかった。だめじゃないですか」と、おこられた（？）ことを、その著『灰色のユーモア』のなかで書いている。

斎藤さんは警察に六カ月ちかく留置され、昭和十三年（一九三八）の春、起訴猶予で釈放されたが、その間に撮影所から休職の辞令書を持ってくる「手まわしのよさ」だった。

警察から帰ったとき、斎藤さんの手もとには五百円の保証金のほかに四百円の貯金があった。将来、週刊紙にするつもりで貯えてあったのだが、戦争はきびしくなり、斎藤さん自身も仕事さがしに追われて、『土曜日』復刊の道は求めることができないままに、日は過ぎた。

91　自転車で配達、集金

斎藤さんが警察を出てきたとき、新聞発行をつづけるに十分の金をもっていたことは、当時の反ファシズム文化運動にかかわったことのあるインテリにとって、虚をつかれたような驚きをもって迎えられ、語られる。

『世界文化』の同人だった和田洋一さんは「奇跡としかいいようがない」と語り、それは斎藤さんが「学歴らしいものをもたない庶民であればこそだった、という気がします」という。そして、大学出のインテリ集団であった『世界文化』の一人ひとりについて、

「一生懸命に原稿を書き、校正を担当するものはしたけれど、雑誌ができあがると、もうそれでやれやれ、あとは合評会で意見感想をのべるだけで、雑誌を多くの人に読んでもらおう、大勢の人に買ってもらって経営を楽にするなど考えていませんでした」と、いっている。

だから、斎藤さんが時事問題の書ける〝有保証〟の新聞にするため、一人で五百円の大金をつくった（当時の斎藤さんの月給は四十円）ということは、およそ思いもつかないことで、『世界文化』の場

合はみんなが二十円、三十円と出し合って五百円をつくった。

その点、『土曜日』の方は斎藤さんが一人で広告をあつめ、経済的には新聞発行の永続性を確保していた。

『土曜日』の広告をみると、それらの店が百万遍→出町→寺町→京極、そして四条河原町周辺という道筋で結ばれる地域として浮かんでくる。これは、斎藤さんが自転車を利用して一日で回れるコースだった。

『土曜日』は木曜日に校正を終わり、金曜日の朝から印刷にかかった。お昼ごろ刷り上がり、それをもって斎藤さんは間借りしている百万遍の家に帰る。そこには小学生十人ばかりが待っている。発送の手伝いなど、アルバイトとして斎藤さんが集めた子供たちである。年齢に応じて仕事の内容と量を決め、購読先への発送準備をすすめる。「年齢によって三銭、五銭、十銭のアルバイト代を渡し、アンパンかうどんを食べさせてね……」

仕分けされた新聞を郵便局にはこんで発送しおわると、こんどは二十部とか五十部、百部にたばねた『土曜日』を自転車に積んで、斎藤さんは百万遍から出町、寺町、京極……のコースをたどって〝得意先〟の喫茶店に置いていく。金曜日中に『土曜日』の配布を終えることにしていたので、熱心な読者は金曜日の夜に、『土曜日』を読むため喫茶店に出かけるものもあった。『土曜日』の配布とともに広告料の集金もやった。

「発行部数は平均四千部、多いときは七、八千部出しました。部数にむらがあるのは、私のセールス努力の不足と、夏休みなど学生が故郷に帰るので、喫茶店もその時どきで購読部数を加減したからです」

92　ずらり飲食店広告

そのころの喫茶店で、いまも残っているのは「フランソア」のほかに「築地」と「夜の窓」（その後閉店）ぐらいだろうか。当時の「バックストリート」が、現在の「築地」であるが、もともと同系統の経営で『土曜日』の広告には両店が同じ枠で掲載している。「バックストリート」はなくなったが、面影は「築地」にとどめられているわけである。

いま七十歳前後から上の人にとっては、なつかしいだろう飲食店の広告も多い。

「気品とうまさ　そして酒がよい　純情の乙女にノーチップ」とうたうのは「正宗ホール」。学生や若いサラリーマンがよく通ったところで、値段も手ごろだったようだ。

「あれは東京の人が経営してましたね。女の子も、東京から連れてきて、みな東京弁でした。私が覚えているのは七十銭か七十五銭でスキヤキが一人前、あったんです。友達の『リアル』の中田宗男とよく二人でね、スキヤキ一人前とって、おミキは一本です。どっちも酒弱いから……」と、天野忠さん（詩人、当時『リアル』同人）はいっている。

河原町三条角の「グランド・ランチ」▽先斗町の鶏料理「菊水本店」▽新京極四条上ル、酒場「スタンド」▽四条高瀬川畔の酒場「吉粋軒」▽河原町四条上ル東「蹄洋酒場」▽寺町三条下ル、たぬき汁の「たのき茶屋」▽祇園建仁寺前、かしわ水だきの「きんなべ」▽河原町四条上ル二筋目東入ル「鳴戸茶屋」▽大阪・道頓堀、土曜日の酒場「サントリー」

その他にも「力正宗」や「八百常」、酒之店「写楽」などの名もみえる。「写楽」は河原町四条上ル東。京都の劇団・エラン・ヴィタールで俳優をしていた杉山真一という人がやっていた。趣味のいい版画を飾ったりして、いい店だったが二年ぐらいでつぶれた。酒は当時、一升三円五十銭で高級イメージの白鷹をおいていた。（松田道雄、天野忠氏の話から）

このように、そのころ京都にあったコーヒー店や飲食店が、広告をとおして浮かんでくるが「それは一つの架空都市といってよい」と、鶴見俊輔さんはいう。

「すでに軍国主義時代に入っていた日本人にとって、コーヒー店で休むつかのまの時に彼をおとずれる都市の幻想を『土曜日』は、とどけていた」（八月十四日付、本紙夕刊「現代のことば」）〔本書巻末に掲載〕

この〝架空の都市〟は、十五年戦争の六年目に入っていた日本にとって、あってほしい都市の姿であった。コーヒー店で休むつかのまのときに、彼らはパリを思い、フィレンツェを思ったことだろうか。その幻想さえもやがて軍靴におしつぶされていく。

――フランソアに来し、されどフランスは遠し、ということか。

93　戦時体制と喫茶店

昭和十年前後の、京都の喫茶店の思い出について「当時の貧乏学生」とおっしゃる京都市中京区の「竜二」氏から便りをいただいたので、次に紹介する。

先日、この欄で加茂大橋ちかくの喫茶店「柳」の名を見つけて懐かしさのあまり筆をとりました。府立病院の裏、鴨の河原のテニスコートで練習というか、遊びがてら夕方まで楽しんで、級友四、五人とよく冷たいものを飲みに行ったのが「柳」でした。当時七人だった仲間も、いまは二人残っているだけ。そのころの思い出を二つ、三つ。

出町を上がったところに「スター」の支店があり、比叡山へスキーに行った帰りによく立ち寄ったものでした。寺町の「鎰屋」は喫茶室へは行きませんでしたが、昭和の初めごろ、鎰屋のでっちさんが大きな風呂敷包みにお菓子の見本を何段もの箱に詰めて、注文取りに回ってきていたのを思い出します。

寺町三条上ル西側に「スマート・ランチ」があって、カツライスが二十銭か三十銭で、ライスはおかわり自由でした。三条通に出て、「リプトン」は今のところにありました。河原町に出ると、六角通の南側に「デリケッセン」があり、ハンバーグがおいしかったように記憶しています。ちょっと戻って三条上ル、今の朝日ビルの地下に喫茶部があって、そこのレジに土井麻子（まちがっていたらごめんなさい）という、スラッとした美人がいて、よく顔を見に行ったものでした。寺町へ回ると、現存の「スター食堂」、わらじカツの「村瀬」が有名でした。四条河原町東北角に「長崎屋喫茶部」があって、制服の美少女がそろっていました。

飲み屋では「正宗ホール」全盛で、縄手通四条下ル西側には「当八」というおでん屋があり、一円か二円あればかなり飲み食いできたものです。

「リプトン」は戦時中も営業を続けていた数少ない喫茶店の一つで、昭和五年の開店。創業者の福永兵蔵さん（七九）によると、しかし、戦争が激しくなると「リプトン」は敵性語ということで、店名として認められなかった。香港の代理店を通して輸入していたリプトン紅茶も手に入らなくなり昭和十六年、日本が「大東亜戦争」の名で開戦するに至り、喫茶「リプトン」は「大東亜」の名で営業を続けた。

「そのころになると旅館、お茶屋、飲食店もダメになりましてね、昭和十八、九年ごろには喫茶店だけ、それも五、六軒ぐらいになったと思いますよ」

「リプトン」あらため「大東亜」の他に「長崎屋」「夜の窓」などだった、と福永さんは思い起こす。コーヒー、紅茶も大豆をいった代用品になっていき、みそ汁や業務用の特別配給を受けた大根などを煮て売ったりもした。

94　釈放はされたが……

当時、京都の喫茶店でたばこ一本のサービスが流行していたそうだが、斎藤さんはたばこの代わりに『土曜日』を付けたらどうか、と喫茶店の経営者を口説いたのだった。常連の客から『土曜日』はまだか、と催促を受けるようになり、この試みは斎藤さんにとっても、喫茶店にとってもうまくいった。

『土曜日』の方法が、一九三〇年代の反ファシズム文化運動が生み出した、一つの記念碑的作品（久野収氏）と、のちに評価されるのは、このような当時の常識を一新した販売の仕方も含めてである。

そのころ京大の学生で、『土曜日』と同じ時期に弾圧を受けた『学生評論』のメンバーでもあった藤谷俊雄さんは『土曜日』について「スマートな編集で、普通の出版物とは違っていた」と語り、北海道にいた妹に送ってやったり、自らも投稿したという。

斎藤さんは『土曜日』を「小中学卒ぐらいの一般庶民を基準にして、学生やインテリも興味をもつもの」にしたい、というねがいをもって「読者の書く新聞」をめざしていたが、この面でも実績をつみあげていたわけだ。

昭和13年、吉本の剣戟劇団に入ったころの斎藤さん

「最終的には先生がたの啓もう原稿は三、四割、読者の書く原稿は六、七割の紙面構成を考えていた」と、斎藤さんはいう。そして、この構想はしだいに紙面にも反映し経営的にも斎藤さんの努力で安定していた。

「支配階級の非情きわまる政治のやり方、善人ヅラした特権階級の偽善性にがまんならず、ひとあわふかせてやりたい気持ちは、常にもっていた」が、「とくに共産主義をかかげて天皇制を倒して人民の政府を樹立するなんて、そんなことができるわけでもないし、能力をもっているわけでもない。ただ戦争への道が激しくなってくるという風潮に対して、なんとなく危機感があって、抵抗するというか……、それがどの程度までできるかという……」

斎藤さんはだから、新聞発行の永続を第一に考えていた。

警察の取り調べで「共産主義」について書けとか「暴力革命」について書けとかいわれたが、斎藤さんにそれらの理解があるはずはなかった。結局、六カ月ちかくの留置のあと、斎藤さんは起訴猶予で釈放されるが、このときには執筆メンバーのほとんどが検挙されており、経済的に発行を確保しながら『土曜日』の継続の条件は閉ざされていた。そして、斎藤さんは職場の撮影所からも追放されていた。

斎藤さんはこのとき、新聞発行で得た資金九百円をもっていたが「また入用のときがある」と思い手をつけないで、戦後までもっていた。釈放後の斎藤さんの生活は再び芝居の世界から始まる。撮影所を閉ざされた斎藤さんは、新京極吉本の花月劇場に出演していた洋子・陽之助の剣戟劇団に入った。

第5章　夢の後始末

95 吉本興業で一年間

斎藤さんは警察に留置されているとき、母親の死を知らされた。「親子関係を重くみる国柄であるから」といわれて、一時釈放になり、特高の尾行つきで夜汽車に乗って東京に向かった。母親は調布に住んでいたが、家に着いたときは葬式はすんでいて墓地に葬られたあとだった。親せきや家の者とも話したかったが、特高がそばにくっついているので早々に引きあげた。父親はすでになく、そのときは死んだことも知らなかった。両親とも死に目には結局、会わずじまいだった。斎藤さんを連れてきた特高は、東京で他の用事ももっていたようで深川、本所の市内を引っぱりまわされたあげく、夜には四谷署にあずけられた。

新宿をちかくにひかえた同署は夜中になっても酔っぱらい、けんかなどで次々に入ってきて、留置場は立っているものもいるほどだった。

撮影所の方は、斎藤さんが警察に留置されている間に手まわしよく休職の辞令書を持ってきていたが、斎藤さんは釈放されるとすぐ、退職金をとりにいった。撮影所では門の中にも入れず、所長は会おうともしない。ラチがあかないので、斎藤さんは「最後の手段」とばかり所長の自宅にいって、奥さんの前で所長と女優のスキャンダルや何かをならべたて、とにかく明日、撮影所で話をつけるのでこの場は引きとってくれ、ということになった。

斎藤さんの撮影所での月給は四十円だったが、本来五十円のところを値切られたのだから、五十円の割で三カ月分の退職金を出せと迫り、しぶしぶ撮影所長もこれを認めた。そのかわり、どの撮影所からも斎藤さんは締め出されることになる。

吉本興業の劇団に入ったのは、それから半年ちかく経ってからのことである。そこでは漫才の今喜多代・洋之助の洋之助、島ひろし・ミスワカサの島ひろしらと一緒だった。斎藤さんは永井瓢介の芸名で出ていた。新京極の花月劇場をはじめ大阪、ときには東京の吉本系の劇場をまわって、一年ちかくここで働いた。「気のよい人たちばかりで楽しい」劇団生活ではあったが、しかし、『土曜日』時代のはりつめた生活に比べて、あまりにのんびりムードで「気分転換」を考えて「思いきって」退団する。昭和十四年（一九三九）の末ごろである。斎藤さんは三十六歳になっていた。

吉本興業時代の斎藤さん

十八歳で新派に入門してから十八年間の、斎藤さんの役者生活はここで終わる。新派では山村憲、東亜キネマで永井健二郎、そして松竹下加茂撮影所では池田守作、というのが斎藤さんの芸名だった。永井瓢介を含めて四つの芸名をもった斎藤さんだが、役者としてはついに無名であった。無名ではあったが、常に真シで、したたかな生活者であった。『京都スタヂオ通信』を生み、『土曜日』の経営者としての斎藤さんの方法の中に、それは生かされた。

96　徴用のまま終戦へ

劇団をやめたあとの足どりは、斎藤さんの回想にしたがっていこう。

昭和十四年の末ごろ、曾根崎の市場の中に菓子店の売り物があるのを新聞で知って見に行くが、気がすすまず歩いているうちに天満の天神前の九丁目筋というところへ出た。通りの中ほどに大きな味噌屋があり、その横の魚屋さんとふとしたことで親しくなった。その人の世話で魚屋さんの隣の店を借りることになり、斎藤さんの大阪での新しい人生が始まる。

何をやるあてもなかったが、世話好きの魚屋さんの親切で、みかんとりんごをならべ、にわか果実店が店開きした。その年の十二月二十八日だった。

「がらんとした家の内に、白い厚紙を張って画びょうで留めて、戸板の上へりんごとみかんを箱のままならべた」という殺風景な果実店だったが、どうにか生活できるぐらいのかせぎはあった。

商売にもなれたころ、戦争も進行して物資も不足勝ちになった。大阪中の果実店と八百屋が企業合同して、青果物の配給制がしかれ、斎藤さんもそこの配給所員となって働くことになった。

このころになっても、特高は斎藤さんから目をはなしていたわけではない。ある日、天満署の特高がやってきて、滝川幸辰や岡田正三の動きがくさいので、さぐってくれと言ってきた。

「私の心境をさぐるためにやってきたのかもしれない。私は社会運動に少しも関心がないこと、これからも生活第一でいくことを特高に告げ、申し出を断った。それきり特高は、このことにふれてこなかった」

昭和十七年か十八年の初め、友人の世話で結婚し、まもなく長男が生まれる。

昭和二十年の早春、斎藤さんは徴用にとられ、奈良の五条高田の山中でドラム缶を入れるための穴掘りに従事させられた。ここが終わると、次は広島の口田村へやらされ、ここでもまた穴掘り。宿舎の小学校の校舎で、原子爆弾の熱風をあびてきのこ雲をみたという。八月十五日の天皇の放送は、小学校で原爆被災者の世話をしているとき、聞いた。

斎藤さんたちの作業隊は、八月十五日に四国方面へ行くことに、前もって決まっていた。戦争が終わったというのに、この行動は予定どおり実施され、四国にわたってからやっと変更の連絡が入り、大阪府内の本部に帰る、というぐあいだった。

「敗戦時の混乱の中を、ムダとわかっていても命令どおりに行動する。軍隊組織の形式にしばられた非能率性をまざまざとみた」

大阪に帰っても、本土決戦にそなえて陣地構築の仕事があるかもしれないから、志願して残るようにという呼びかけがあり、その手続きをする人たちもいた。

斎藤さんは休暇で、奥さんの実家のある京都へ帰り、そのまま大阪へはもどらなかった。

97　商売への第一歩

敗戦を境に、斎藤さんの生活は再び京都に落ちつく。こんどは妻子がいっしょである。

昭和二十年の九月中ごろには、今出川通千本西入ルの、現在の家を見つけて住むようになった。そこで、いつまでも遊んではいられないので表の戸を一、二枚あけて、手もとにあった本やがらくたをならべた。「売り食いの第一歩であり、商売への手がかりの第一歩でもあった」

このとき、戦中にも折にふれ夜店で見つけて買っておいた「民主々義的な本」が、大いに役に立った。室伏高信〔評論家、著述家。大正デモクラシーの論者として活躍したが満州事変以後は国粋主義思想を支持。戦後、公職追放〕や清沢洌《きよし》〔評論家。『中央公論』等で自由主義的外交時評を展開。著作に『日本外交史』『暗黒日記』など〕、向坂逸郎《さきさかいつろう》〔マルクス経済学者、労農派。戦後は日本社会党左派の理論的支柱。『マルクス・エンゲルス選集』（新潮社、一九五六―六二年）の編集他〕、大宅壮一〔戦後ジャーナリズムで活躍、〈一億総白痴化〉等の流行語を作った。雑誌中心の蔵書を「大宅文庫」として公開〕らの本であったが、敗戦直後でまだ古本屋も店開きしていないこともあって、それらの本が飛ぶように売れた。新聞社の幹部の人が買っていったりもした。「世の中が変わったので、にわか勉強をするのだな」と、斎藤さんは思った。十銭ていどで買った本ばかりだったが、かなりのもうけを見込んで値段をつけても売れていったという。

ここがまた、斎藤さんらしいたくましさというか、腕っぷしの強い生活者たるところだが、物資不足が進行する戦時下に、シャツや下着類の出物があると意識的に買いおいていたのである。

「そういうものがボチボチ売れていくうちに、今度は不用品を売る人が来るようになった。売買の値段は、当事者間で話し合いの上決めた。買う人、売る人がだんだん多くなって、どうにか生活できるようになると、近所の古物商から苦情が出るようになる。鑑札なしで古物の売買をしては困るというのである。

人間が生きるか死ぬかの時に、法律なんかにかまっておられるかと、平気で商売を続けていたが、店が繁昌するので、とりあえず古物屋で生活して行こうと思い、手続きをして鑑札を受けた。戦災の少なかった京都は、着だおれの町というにふさわしく、衣類はたくさん出回るようになった。北海道、九州方面からも大ぜいのにわか商人が古着を買いあさりに来た。商売の知識のない私であったが、お客に教えられて、しだいに商売人らしくなっていった」

戦後の混乱がちょっと落ちついたころ、斎藤さんは『土曜日』の復刊について二、三の先生にあたってみたことがある。そこで、斎藤さんが得た答えは

「当時は書く場所も少なく原稿も無償で書く人がどんどんいたが、現在は有償で書く場所がいくらでもあるし、また、先生たち自身の生活もインフレが進行するなかで、以前のように無償で書くゆとりはないのではないか」

ということだった。斎藤さん自身も子供が二人になり、家族は四人になっていた。かつての『土曜日』の人々を動員してやるのは、少し無理だと思い、自分の力でやれること――民主勢力へのカンパをしたり街頭録音、ラジオ討論会などに積極的に出かけた。

98　37年目の会計報告

『土曜日』の復刻版が昭和四十九年（一九七四）に三一書房から刊行された。この新聞が発行されていた時代から三十数年を経ており、全三十三号のうち五部が欠番のままであるが、このころからようやく『土曜日』のなかで、斎藤さんの占めた位置の重要さに目が向けられるようになった、といっ

ていいだろう。

同時代に発行されていた文化総合誌『世界文化』に、多くの執筆メンバーをゆだねながら、これとはまた別の方法で『土曜日』が存在していたことは、斎藤雷太郎という人物を語ることでしか説明できない部分が多い。しかし、斎藤さん自身は戦後、今出川通千本西入ルに店開きした古物商の経営者として生き続けて、再び『土曜日』について語るような場所に出ることはなかった。

復刻版『土曜日』のなかで、久野収氏の巻頭解説とともに、斎藤さんの〝思い出〟の文章が寄稿されている。全国的な広がりをもつ場で、斎藤さんがはじめて『土曜日』について発言したものであるが、それは次のように結ばれている。


警察から帰った時、五百円也の保証金と週刊紙にするためにためた四百円也があった。この金はまた入用な時があると思い大切にして置いたが、戦争はきびしくなり、自分の仕事さがしに追われて、運動どころではなかった。

戦後昭和二十一年か二十二年の初め頃（生活費が一ヵ月百五十円位かかる頃）自分のかわりに運動する人の二人分として、毎月革新政党に三百円也を寄付した。七、八ヵ月続けたが、金は有効に使われているとは思えないので出すのはやめた。そのうちインフレは進行して（生活費が一ヵ月三百円位かかる頃）あかつき印刷所創立の費用として五千円也を送った。

政党に寄付した分と、あかつき印刷所に送った分は、「スタヂオ通信」と「土曜日」の関係者のかたがたの、誠実な行動の成果と思って出したのです。〔中略〕

これは『京都スタヂオ通信』と『土曜日』の会計報告です。
一九七四年　四月

「一、二年分を印刷費を用意して、また新聞を出そうと、協力者を探したこともあるんですよ。適当な人に会えなかったこともありますが、私は六十までも生きると思っていなかった。それが、いま八十だからねえ。六十から始めても二十年あった。やればよかったと思うときもありますけど、やってたら名士になっていたかもしれない。私はやるからには経営のことちゃんと考えますからね。続かないようにはしない。だから、名士になってますよ。でも、お金ができてけったいなおやじになってるかもしれないなあ」

古物屋の店番をしながら、斎藤さんは「いま、私は幸せだと思いますねえ」と、語る。

99　貧乏人を裏切らず

いま思い起こして、斎藤さんが『京都スタヂオ通信』を出し『土曜日』をやったという、その根っこにあったものは何だったんでしょうか。――そのことに近づこうとして、ここまできたのに、最後になってご本人にその答えまで考えてもらおうというのは、聞き手として何とも頼りないことだと思うが、ともかくありのままに。斎藤さんはこう語る。

「権力に対する憎しみ、ですねえ。この気持ちは今でも同じですよ。力をもったものの偽善性。人間がどこまで悪くなるかという一つの見本ですよ、権力をもったものが腐敗する過程は……。私でも力があって金があれば、毎日でも祇園なんかへ行って遊ぶにきまってますよ。無いから行かんだけのものでねえ。そりゃあ、まあ、遊ぶのはそれでいいんですよ。助べえおやじで死んだら、それでいい。しかし、その上に名誉をつけたがる。かつての貴族とか、華族ってのはそれですね。そういうおろかしさがまかり通る。それだけでなしに、そういう人間がわれわれを圧迫する。頭の下げ方が低い、愛国心が足りん……と」

「そういう権力の偽善は、戦後の今の世にもあります。偽善者に対する憎しみは念頭から離れたことはないけど、自分を不幸だとは思ってないんですよ。こうやって健康で、晩には酒も飲めるしねえ。どこかに行きたいと思えば、そのくらいの小遣いはもってるし、天国にいるようなもんですよ。こんなところに住んでいて、何が天国だというかも知れんけど、テレビに大きな家が映っても、うらやましいとは思わない。第一、だれにも束縛されない、自由な喜びですね」

「私だって、もうちょっと金もうけの方に力を入れたら、今の五倍や十倍、金持ちになると思っているのですよ。ところが、私はどうにかこうにか食えたらええという考えでねえ。それ以上の余力を一銭にもならん原稿書いたり（京都の民主運動史を語る会の機関紙などに投稿する）、本や新聞を読んだり。そんなもの読んでも金もうけの足しにはならないですよ。だけど、これも自分の性格でねえ、バタバタ金もうけするより本でも読んで……その方が楽しいと思って、やってますけどねえ」

「自分でいうのもおかしいけど、私は事業をやれる人間だと思っているのですよ。新聞をやっていたら、おそらくやれた。でも、総会屋のような人間になっていたかも知れない。映画にいたときでも、もう少し要領よく監督につけ入って、月給の十円や二十円あげることはできたと思うが、見栄でそれはできなかった。それが人間の誇りというものではないかな、それをやらなかったということは。私の人生をふりかえって結局、貧乏人に対する裏切りができなかった、ということだと思う」

『土曜日』は戦時下の権力によって廃刊に追い込まれたが、「斎藤雷太郎」は、そっくりそのまま健在である。そしていま、『土曜日』の方法に源流を求めることのできるミニコミ誌が、市民運動が、日本の各地で〝小さな手〟をあげている。

解題・その男、貧乏人を裏切らず

井上　史

1　『土曜日』が生まれた時代背景

中村勝〝三十五年後のあとがき〟にかえて

本書の主人公は、一九三〇年代に京都で発行されていた文化新聞『土曜日』の発行責任者・斎藤雷太郎（一九〇三―一九九七）である。読者への道案内として、まず斎藤について説明するのが本来の手順かもしれない。しかしその前に、執筆者中村勝自身が著すはずであった〝三十五年後のあとがき〟に代わって編者が「解題」を書くのは、「序にかえて」ですでにふれたように、二〇一九年一月に中村が急逝したからである。

著者の中村勝は、一九四〇年、山口県周防大島に生まれた。一九六三年に京都新聞社に入社し、同紙の名物コラム「現代のことば」を担当するなど、文化部記者として活躍していた。一九八四年頃には、「枯れぬ雑草」と掲載時期の重なる富士正晴による朝刊連載小説「榊原紫峰」、それに続き、本書企画者の一人である西川祐子の連載「花の妹」を担当しながら、「枯れぬ雑草」の大型連載に取り組んでいた。

中村は「枯れぬ雑草」のなかで、連載当時の新聞記事には珍しい、ユニークな実験をいくつも試みていた。

まず中村は、連載第一回で、「小学校中退の学歴しか持たない斎藤さんのような人物がいたことの意味は大きかった。『土曜日』の大衆性、市民の姿勢は、斎藤さんの生きてきた姿勢に重なり合って表現された、ともいえるからだ」と斎藤雷太郎への並々ならぬ共感を表明する。つまり「枯れぬ雑草」は徹底して斎藤に寄り添い、その生い立ちと軌跡を取材した新聞連載であった。

一九七〇年代まで『土曜日』は、戦前の高等教育を受けた知識人たちの思想を中心にして研究され、その知識人たちが教育を受けていない一般大衆向けに啓蒙的に執筆した大衆紙という見方が強かった。こうした知識人偏重の解釈が変わり始めた時代に、中村による、初めての本格的な斎藤雷太郎への聞き書きがスタートした。

中村はまた、『土曜日』が発行されていた一九三六年から三七年当時、とくに戦時下の社会の様子や京都の暮らし、斎藤が働いていた映画撮影所の動向にも目をくばり、同時代の人々の証言を数多く集めた。本書には市井の人々、知識人、映画監督、俳優女優、映画、喫茶店などが多く登場する。それら多くの固有名詞はいまでは姿を消してしまった京都の原風景への道しるべであり、記憶を呼び覚ませてくれるインデックスともいえるだろう。中村は、斎藤からそうした思い出を上手く引きだして、さらに読者から寄せられた手紙をもとに記事を書き進めるという手法を随所に生かしている。

中村の記事に触発されて斎藤雷太郎伝を試みた人たちは一人ならずいた。二〇一五年七月に亡くなった哲学者・鶴見俊輔（一九二二―二〇一五）は「枯れぬ雑草」を単行本にすること、また、斎藤

雷太郎伝を書かないか、と周りの人々にすすめていたという。(1)

連載が終わった頃、複数の編集者、出版社から「本にしましょう」という提案があったらしい。それほどに、この連載は注目を集めたが、中村は少々、粋がる気持ちがあったのだろうか、「新聞記者は新聞に載せた時が勝負だ」といい、この時点では出版には同意しなかった。

中村自身は、その後、何度か『土曜日』や斎藤雷太郎について記事を書いた。たとえば、写真家・エッセイストの甲斐扶佐義が発行する『ほんやら洞通信』には、「『土曜日』の発行者と喫茶店」を連載しようとしたが、三回ほど書いて未完のまま終わってしまった（『ほんやら洞通信』二〇〇〇年五号、同六号、同七号）。本書巻末に収録した、二〇〇三年に中村がまとめた「土曜日と喫茶店ネットワーク」は、「枯れぬ雑草」の単行本化を願っていた西川祐子の共同研究のなかで、中村が練り上げた成果である。(2) 多くの友人たちも機会あるごとに単行本化をすすめたが、話は進まないまま時が過ぎていった。そして、ようやく私たちと出版化へ向けて話し合いをしようというやさきの死去だった。

「左翼、映画、喫茶店」

本書の主人公・斎藤雷太郎は、『土曜日』の創刊時からすべての経営をとりしきった編集・発行名義人であった。と同時に、松竹下加茂撮影所所属の、いわゆる大部屋俳優であった。横浜に生まれ、十代半ばから住込み職人として働き、舞台俳優を経て映画界に入った。関東大震災で主要な映画会社が撮影所を京阪神に移した時期、斎藤も関東から西へと向かう。ちょうど時代は無声映画からトーキーへと変わる大変革期であり、大小の映画プロダクションの統廃合もあり、斎藤もその波に押し流されるように職場を転々とし、京都市の下鴨神社の西あたりにあった松竹下加茂撮影所（一九二三年開設、五〇年火災、七五年閉鎖）の大部屋俳優になった。

新聞連載時には、斎藤本人が所蔵していた当時の映画写真がいくつか使われているが、そのほとんどが映画名も監督名も判らないものである。斎藤ら大部屋俳優は、出番があるときだけ呼び出されて、そのシーンを撮影するだけで、自分の出演した映画名も監督名さえ知らされないで仕事が終わるという説明が連載六十七回にある。

昭和初め、斎藤は「四十円」（七回、以下、連載回をこのように記す）の月給で暮らしていた。中村も引用する『値段の明治大正昭和風俗史』（朝日新聞社、一九八一年）によれば、大卒者の初任給が五十円程度というこの時期、いわゆる昭和恐慌と呼ばれ、失業者が街にあふれていた時代だ。斎藤は、撮影所内外で起こった労働争議、左翼運動の周辺で、時にはアジビラ作りを手伝うなどして心情的に共鳴しつつも、非合法な活動へ傾く道はとらず、「自分の能力にあったやり方」（六回）を模索していた。「ウデには自信」をもちながらも、上に媚びへつらい働くのは性に合わない。自他認める〝ズボラ組〟で通していながら、仲間とともに「一緒にはい上がる」（十二回）という向上心を忘れなかった。

まず『サルタンバンク』（フランス語で道化師の意）という回覧雑誌を始めた。それは各々が書きたいテーマで書き、その原稿用紙を一冊に綴じて仲間と回し読みあうもので、書き手が読み手となり、読み手が批評しあうことによって、「読者の書く新聞」への構想が生まれた。つづいて、一九三五年八月、タブロイド版の『京都スタヂオ通信』を独力で創刊した。

斎藤はスターたちのニュースやうわさ話ではなく、大部屋俳優、技術者、若手監督らスタジオマンらの働く環境や社会に目をやり、時事問題が扱える新聞であることが必要だと考えた。そのためには当時の新聞紙法の規定で、保証金五百円を納めなければならなかった。管轄の京都府庁新聞係の役人に「アカ」だと脅されても信念をまげず、少しでも安い下宿に替わり、食事は京都大学の食堂ですませてお金を蓄え、新聞の印刷代も算段しつつ、広告を出してくれる喫茶店を探して自転車で市中を駆け回った。そういう斎藤を描いた、連載四回から二十二回あたりは、臨場感あふれる場面がつづく。こうして創刊から十一カ月後、『京都スタヂオ通信』は時事問題が書ける「有保証」となり、斎藤は新たな書き手を求める行動にうつる。これが『土曜日』の素地となった。

中村はかつて私たちに、「斎藤雷太郎のキーワードは、左翼、映画、喫茶店」と語ったことがある。連載一回から以後、斎藤が京都に落ち着き、『土曜日』発行人となるまでの、勃興期の映画界での軌跡の記述に、全九十九回の連載のうち七十回までのおよそ三分の二をつかっている。この比重をみても、映画という世界のなかの大部屋俳優という境遇からはぐくまれた斎藤の生き方、信念を描くことに力を注いだことが伝わる。そこを押さえておかなければ、斎藤の本質や『土曜日』という新聞の意義は理解できない、と中村は強調したかったのだろう。本書のタイトルを『キネマ／新聞／カフェー——大部屋俳優・斎藤雷太郎と『土曜日』の時代』とした理由である。

『土曜日』と暗い時代

連載がスタートしたとき、斎藤雷太郎は八十歳、市井の古物商の主人であった。売り物の古着に囲まれた店先で、中村は斎藤の話に耳を傾ける。映画の大部屋俳優がどうして新聞を発行しようと考えたのか。なぜ、その文化的な活動が時の体制、社会に反逆しているとして治安維持法違反とされたのか。そして、その文化活動を支えた斎藤が戦後は人知れず、市井に埋もれているのか。それらの疑問はすべて『土曜日』という新聞の根幹につながっている。

『土曜日』は日中全面戦争にいたる盧溝橋事件のちょうど一年前、一九三六年七月四日に、斎藤の『京都スタヂオ通信』を引き継いで、同通信十二号を『土曜日』創刊号とし、以後十三号から、一九三七年十一月五日の四十四号まで、三十三号を発行した。残念ながら『京都スタヂオ通信』はどこの図書館にも保存されておらず、見ることはできないが、『土曜日』は、一九七四年にオリジナル『土曜日』を半分の大きさに縮小して三一書房から復刻版が出版されている。同書の解説は、『土曜日』にも寄稿した久野収（一九一〇―一九九九）。一九三五年に発行されていた学術総合誌『世界文化』同人でもあり、『土曜日』を反ファシズム文化運動の「記念碑的作品」と命名した哲学者だ。復刻版には斎藤の手記「『土曜日』について」が掲載されている。公刊物に斎藤の手記が掲載されるのは初めてのことであった。

斎藤が、時事問題を扱える新聞発行のために走り回っていた同じ頃、京都の若き知識人たちが、三年前に起こった京都大学の滝川辰幸法学部教授の休職処分をめぐる大学自治問題に危機を感じ、軍部独裁がすすむ時代に抵抗して、『世界文化』を創刊していた。斎藤の『京都スタヂオ通信』創刊の半年前、一九三五年二月のことだ。『世界文化』は一九七五年に小学館から復刻版が出版され、第一巻巻頭に、同人十六人、寄稿者六人のペンネーム・本名、専門分野と、復刻版出版時の肩書が掲示されている。ほとんどの同人が戦後、大学教授や物書きとなった知識人たちである。五百部発行程度の同人向け、学術雑誌である『世界文化』の執筆者がみなペンネームで投稿したということからも、「非常時」といわれた当時の閉塞感がつたわってくる。

ヨーロッパでは、ヒットラーのナチス党、イタリアのムッソリーニによる独裁体制は拡大し、日独は国際連盟を脱退。日本でも一九三六年二・二六事件をきっかけに軍部独走はさらにすすみ、侵略拡大は歯止めを失ったような時代だった。自由な言論は弾圧され、生活のあらゆる場面で統制が強いられた。『世界文化』の同人たちは、欧州で拡がりつつあった労働者、農民、人民たちによる反ファシズム統一戦線の潮流を日本に紹介した。そのために、フランス人民戦線の週刊紙『ヴァンドルディ』(金曜日の意。一九三五年創刊、三八年休刊)のような文化紙を自分たちでも出せないかと話しあっていた。

ちょうど時おなじく、『京都スタヂオ通信』の書き手を探していた斎藤が住谷悦治(一八九五―一九八七、当時、松山高等商業学校教授)の自宅を訪ね、能勢克男(一八九四―一九七九、弁護士)、中井正一(一九〇〇―一九五二、京都帝国大学文学部講師)を紹介されて、すぐさまこの三人の編輯体制と、『世界文化』同人らの執筆協力関係が生まれた。

斎藤や『土曜日』の執筆者たちは当局の弾圧をさけるために、どのような書き方なら検閲で問題にならないかを探り、細心の注意をもって原稿を書いていた、という(九十回)。こういう事情があって、誰がどの記事を書いたか、今日ではほとんど判らない。時の権力は誰の、どの記事の、どういう内容が治安維持法(一九二五年成立、「国体」の変革または私有財産制度を否認する運動を取り締まるための法律）に違反するのかを明らかにしなかった。非合法の共産主義運動を扇動する人民戦線戦術だと決めつけ、執筆者たちを逮捕し、『土曜日』を廃刊に追い込んだ（七十一回）。のちに京都人民戦線事件と呼ばれた。(3)

戦後、治安維持法が廃止され、執筆者や関係者たちの回顧や反省とともに、『土曜日』とは何だったのか、という問い直しが本格化した。戦後世代の、新しい『土曜日』の読み手にも、『土曜日』の時代と今とでは何が違い、何が同じなのか見極めようとする思索が要求された。「枯れぬ雑草」を執筆した当時、中村自身は一九三〇年代、そして一九八四年をどのように捉えていたのだろうか。私たちは「枯れぬ雑草」を解きほぐすことから、その作業を始めなければならない。

ここで、一九八四年前後を年表風にふりかえってみよう。米ソ対立が激化して、ロサンゼルス・オリンピックにソ連は不参加。欧州では反核運動が盛んになり、八六年にはチェルノブイリ原発事故が起こった。日本では、グリコ・森永事件が世間を騒がし、八三年春からの朝ドラ『おしん』ブームがあった。翌八五年のG5・プラザ合意で市場はドル安・円高に傾き、八七年のブラックマンデー以降、バブル経済に突入した。

高度経済成長にたいする疑問が生まれ、豊かだが、どこか空虚で不安感も漂う日本社会にたいして、人々は従来の暮らし方の見直しをはじめていた。当時の中曾根康弘首相が国会での施政方針演説で「戦後政治の総決算」を表明したのは、一九八五年一月のことだった。その後のバブル崩壊、冷戦構造の終焉以後の世界政治の流動化、分断と格差社会の拡大など、私たちの暮らし、社会の変化を顧みれば、一九八四年はある種のターニングポイントだったのではないかとさえ思われる。

いま、わたしたちは、「枯れぬ雑草」を通して、一九八四年の斎藤と中村の出会いに立ち会おうとしている。それは中村の意図を越えた、読者ならではの作業であるともいえるだろう。

2　中村勝の発見したもの

読者の書く新聞

「枯れぬ雑草　斎藤雷太郎と『土曜日』」連載は、第一回の二月一日から三月十四日までの二十三回を区切りに「一時休載」している。この前半二十三回まででも、斎藤の生い立ち、映画界入り、大部屋俳優としての生活、『京都スタヂオ通信』を出し、やがて『土曜日』へ至る経緯・時代背景などを斎藤自身のいきいきとした言葉とともに、それを同時代の人々の評価で補強し、読み手を飽きさせない。しかし、中村はこれでは飽き足らず、満足しなかったのだろう。休載直前の三月十四日付・二十三回の冒頭で、いままでとは違う調子で自説を展開している。

言論の自由らしいものは、もはや存在しないに等しい時代。小学校中退の大部屋俳優である一青年が、新聞発行をとおして歴史と接点をもった。……青年が歴史の舞台で果たした役割は、いま私たちを勇気づけ、あるいは私たちの生き方に重い問いかけをもって迫ってくるものがあるが、青年の志は彼の人生において、市井に埋もれた部分の来し方のなかで育まれたものである。

〝市井の中で育まれたものが私たちを勇気づける〟。これは、再開される連載記事に向かって、中村が肝に銘じた指針のようだ。中村が取材のために収集、参照したかずかずの先行書物やインタビューは、それはそれでちょっと脇に置き、「これからは今までとはまったく違う路線で行きます」と宣言している。「子どものころの話もぜひ知りたくなった。『京都スタヂオ通信』→『土曜日』の根っ子があるにちがいない」は、休載後に展開されるストーリーの予告編だ。

五週間後の四月二十四日付・二十四回の見出し「読者の書く新聞」、二十五回「庶民の発想から」がこの後の執筆方針であり、中村の真剣勝負が始まる。斎藤雷太郎八十歳の大写し笑顔も「おぅ、つきあうぞ」と応えているようだ（この写真は本書には未掲載）。

まず少年時代の話を徹底的に聞く。両親の思い出。丁稚奉公。当時の世相、物価、社会面のような事件を織り交ぜながら、連載二十四回から三十九回まで、役者・斎藤の誕生をていねいに追う。生まれの横浜から横須賀、浅草、新宿角筈、本所・向島、大阪、東京・三ノ輪と、関東大震災までの斎藤の修業時代。

第3章の四十回から六十九回まで、映画界の話がこのように長く続くのはどういうわけだろう。映画ファンには興味津々の話題だろうが、今日ではあまり知られていない俳優名、映画名を次々とあげられても、と今日の読者は思うだろう。ここに中村の手法の隠れた秘密がある。

斎藤は映画史における無声映画からトーキーへの転換という画期的な時期に映画俳優となった。また、東亜キネマ→近代座→東亜キネマ→小沢プロダクション→近代座→阪妻プロ→松竹下加茂撮影所と所属を変えたことも、転換期の映画産業の変遷と個人史が重なっていることに読者は気づかされるはずだ。

大震災で機能停止状態となった東京の各映画会社が京都に拠点を移し、戦後一九五〇年代まで京都が〝日本のハリウッド〟のように言われたことは今日では定説のように思われる。しかし、いくつかの映画史や市史を調べてみると、「映画都市・京都」の認知には、地元紙『京都新聞』が大きな役割を果たしていたことにも気づく。中村の連載の始まる七年前に連載された「映画と京都　八〇年の歩み」(4)は、近代日本映画発祥から市民映画祭にいたるまで、「映画都市・京都」の魅力を多角的に、一話完結形式で紹介した初めてのものだった。中村もときどき参照している。

映画史の参考文献としてつかった田中純一郎（一九〇二―一九八九）の『日本映画発達史』（初版は中央公論社一九五七年、改訂版は中公文庫一九七五―六年）はこの当時、もっともオーソドックスな通史と言えるだろう。映画史研究の「金字塔」と評価する専門家もいる。

しかし、中村のアプローチは同僚記者のそれや先行文献とはまったく異なっている。四十七回から五十五回では、市内在住の映画ファン、小森常次郎という読者から提供された手記を紹介して、斎藤の足跡に重ね、この九回分ほどの連載記事を、小森の文章をそのまま引用するかたちで埋めた。まさに斎藤が提唱し、『土曜日』が目指した「読者の書く新聞」の実践だ。これによって、大正末から昭和初年の、市井の一観客による映画の愉しみ、味わいと京都の映画界の動向が鮮明に伝わった。それが役者・斎藤の足跡と見事にオーバーラップし、いわば観客（消費者）と映画人（製作者）という、立場の違う双方がジャンルを超えて語りかける、という協同関係が中村の紙面に生まれたのだ。

記事囲みの大半を俳優名で連ね埋めれば、京都人の読者から「ええかげんにせェ」と突っ込みを入れられるのは必定だ。五十二回の〈注〉は、読者からの情報提供。さらに五十三回では「訂正」をだすはめになるが、中村は、読者からの反応、感想を待ち、楽しんでいるように思える。

それにしても、京都の西陣に生まれ、青年期から映画、芝居に親しんできたという小森の映画知識には驚かされる。小森のような映画愛にみちた、鑑賞眼をもった観客が大勢いたことが「映画都市・京都」の成熟を支えていたのだろう。小森が育った西陣織産業や、清水焼と呼ばれる陶磁産業は、伝統産業というだけでなく、東京遷都で疲弊した古都の復興に殖産興業政策をもって、技術革新、近代化が進められた近代産業である、といわれている。近畿一円や中部、北陸から京都に移り住んだ職人、労働者、その家族たちが、休日になると繁華街の映画館に押し寄せたに違いない。

小森八十六歳、斎藤八十歳ということは、ほぼ同世代といってよいだろう。昭和初年、ふたりは映画館の客席と銀幕の向こう側で、おなじ映画の匂いに浸り、ひょっとすると京極あたりですれ違っていたんじゃないかしら、と想像したくなる。

中村が斎藤の語りや田中純一郎ら製作側からの引用だけに終わらず、小森のような観客、消費者の手記を得て、記事に活かしたことは何物にも代えがたい悦びだったに違いない。

前述したように、中村は、全九十九回の連載のうち、およそ三分の二をつかって、斎藤が京都に来るまでの足跡を追う記事に使っている。この長い、映画界の動向を押さえることによって中村は、斎藤が「いつも峠を越えた役者につき、下降期の会社に入っているといういうめぐりあわせ」（六十九回）をもっていること、いわば斎藤雷太郎という個人が、社会とどのように関わるのか、その独自の距離感をつかむことに成功している。

七十回の末尾に紹介された「シンポジウム〝庶民と戦争〟『土曜日』と今をつなぐもの」の告知

記事は、丸木位里・丸木俊の「原爆の図」展実行委員会のメンバーが、中村の新聞連載に触発されて企画を実現させたものだろう。同展の記録集『実をむすべ！　夏の花』によれば、七月十七日〜二十二日の京都会館、伝統産業会館で、新屋英子の「ひとり語り」や吉武輝子の講演、フォーク・コンサート、ブックフェア、スライド上映など多数の企画が併催された。斎藤らのシンポジウムでは、『世界文化』同人だった和田洋一（一九〇三―一九九三）、立野留志子（フランソア喫茶室店主）が登壇し、それぞれ『土曜日』の時代の思い出を語った。関連性があるとはいえ、メインの話題からはずれて、こうした告知記事が連載記事の中に掲載されると、閉じられた紙面から解き放たれて、外の世界につながっているという同時代性が実感される。新聞が送り手からの一方的なジャーナリズムの囲いを越えて、今を生きている読者の生活空間と共有したいという願いは『土曜日』編者たちがもともと持っていた考えでもあった。

シンポジウムでの三人の報告は、同年十一月号の『思想の科学』に掲載された。和田は『世界文化』が経済的には赤字すれすれで、同人の会費に頼るだけで、校正も発送も他人任せであったのにたいし、「反ファシズムの抵抗運動をやってカネもうけに成功したのは、斎藤の『土曜日』だけである。かつて和田は、反核運動をやっている諸君は、大いに斎藤から学んでほしい」と斎藤を持ちあげている。今日、京都人民戦線事件で有罪となっており、戦後にその体験を『灰色のユーモア』（理論社、一九五八年）に著し、無垢で純粋な知識人像を描いていた。また一九六〇年代に同志社大学の共同研究では、戦時下の知識人による思想的抵抗の可能性を追求していた。その和田が一九八四年には、そうした抵抗運動は「決して若いインテリたちだけの力によるものではなく、学歴をもたない一庶民、斎藤雷太郎の知恵と行動が大きくものをいっていたことに気がついた」と書くまでに変化した。

中村の「枯れぬ雑草」での実験は、『土曜日』が掲げた「読者の書く新聞」という理念がさらにどこへ向かうのか、「書き手と読み手」や「送り手と受け手」という二分法的発想をどう越えてゆくのかという可能性を秘めていた。「枯れぬ雑草」が連載されていた一九八〇年代半ばには、知識人やインテリゲンチャという表現は姿を消し、市民や大衆、民衆の思想がクローズアップされていた。生活、環境問題への関心も高まり、女性運動やフェミニズムの高まりもあった。多様な主体、多様な「個」のあり方をもとめる模索は、『土曜日』の分析、斎藤雷太郎観にも影響した。

八〇年代には、『土曜日』の前史を探るうえで欠かせない研究が現れはじめた。一九二〇年代末から三〇年代はじめの京都で、能勢克男、中井正一ら、のちに『土曜日』発行に関係する執筆者たちや、『土曜日』購読を支えたであろう市民たちが参加していた京都家庭消費組合（のち京都消費組合、戦後の京都洛北生協、現・京都生協）にかんする研究である。消費組合とは今日の生活協同組合であり、能勢が組合長をつとめた京都家庭消費組合は、その名のとおり、消費者と生産者を階級対立的にとらえるのではなく、「家庭」や「生活」の協同一致をめざす市民の視点から、商品購買だけでなく、居住地域を越えた、さまざまな活動を展開した。家庭料理や洋裁の講習会、子供会は、この頃急増した都市中間家庭の主婦たちに人気があった。能勢や中井らは自ら実験的な小型映画の製作を試み、消費組合の主宰でソヴィエト映画のスチール展を開催した。映画人と懇談し、支援する映画くらぶは、会員が「四千人を突破した」と書く資料もある（『人民戦線と文化運動』一九四〇年）。こうした組織化の取り組みは、〝左翼の貯水池〟とにらまれて、同組合は『土曜日』創刊の直前に、取り締まり当局から

解散させられていた。(5)

当時独身の斎藤が家庭消費組合に加入した形跡はない。しかし、京都大学の食堂を利用していたことは、七回で語っている。

社会的キリスト教主義の立場から消費組合を指導していた中島重（一八八八―一九四六）ら「善意の人々」（二十一回）を斎藤が訪ねるのも、ただ『京都スタヂオ通信』の執筆者を探す目的だけでなく、「土曜日の編集方針の根幹につながっている」（同）、と、中村は指摘している。


「喫茶店ネットワーク」


中村の、この連載での最大の発見は、八十一回から、じつに十五回もつづく喫茶店をめぐっての着目である。

『土曜日』は書店売りだけでなく、広告を出してくれる喫茶店に新聞を無料提供し、やがて客が店に要求するようになって、持ち帰ることで販路拡大に成功したという。このアイデアが斎藤によるものであったことに中村は注目した。「都市における新しいコミュニケーションをひらいたわけで、今のタウン誌のあり方の原型」（八十二回）だという。小説家・田村泰次郎が観察した「小市民共通の応接間」（同）や、梶井基次郎の小説『檸檬』などをとりあげて、そこに当時の学生たち、それは主に郷里を離れて京都に暮らす学生たちの置かれていた情況と合わせて考察していることも、中村の着眼だ。

中村は、この昭和初年頃の世相を踏まえて、「都市生活者の先端風俗」だった喫茶店と、「あくどいキャフェー」を区別して使っている（八十三回）。この解題では、中村の意図に沿って、特別なカッコはつけずに喫茶店を使用しているが、『土曜日』の時代の喫茶店のもつイメージと、今日一般に用いられる喫茶店のそれとは、明らかに違うので、戦前の風俗や情感を伝える言葉として定着している「カフェー」を本書タイトルに使用している。

この喫茶店をめぐる話題のさなか、八月十四日夕刊に鶴見俊輔が「『土曜日』の発行者」を寄稿した（本書巻末）。鶴見は先の、七月二十二日のシンポジウムに一聴衆として参加していた。『土曜日』を囲んで何時間も粘って議論する学生。夏休みに郷里に帰ってしまう学生が「『土曜日』を送ってほしい」と頼んできたので送るとお礼に鈴蘭を届けに来たという立野のエピソードから、鶴見は「それは一つの架空都市といってよい。すでに軍国主義時代に入っていた日本人にとって、コーヒー店で休むつかのまの時に彼をおとずれる都市の幻想を『土曜日』は、とどけていた」と書いた。中村は、すぐさま翌八月十五日・八十八回で「歴史の総体の流れとは別の空間をつくり出していた」と応じた。新聞記者と寄稿者が呼応している。八月二十四日・九十三回では、ふたりの呼応がさらに波紋を広げ、読者からの便りが紹介されている。

実は、『土曜日』が発行されていた頃、時の官憲も『世界文化』『土曜日』の配布先を細かく追尾、把握していたことが当時の内務省警保局発行『特高月報』（一九三八年九月）でわかっている。日本全国の購読者百人ほどの住所、氏名が明記されていた。それは主に郵便の検閲によって監視されていたのだから、読み手が喫茶店から勝手に持ち帰り、勝手に伝播し、人々の口の端にのぼるという、官憲の監視も及ばない、コミュニケーションのあり方が『土曜日』の喫茶店網によって生まれようとしていたことを示している。

『土曜日』十九号（一九三六年十月二十日）の巻頭言「集団は新らたな言葉の姿を求めてゐる」で、執筆者の中井正一は、「云う言葉」から「書く言葉」、さらに「印刷する言葉」への発展が人類の文化の発展だと書いていた。「印刷する言葉」の発見は「数百万人の人間が、数百万人の人間と、共に話合い唄合ふことが出来ることの発見であった。……この『土曜日』は、今新しく、凡ての読者が執筆者となることで、先ず数千人の人々の耳となり、数千の人々の口と成ることで新たな言葉の姿を求めてゐる」。『委員会の論理』（『世界文化』一九三六年一〜三月号掲載）に代表される中井のコミュニケーション論を理解するのはとても難しいが、斎藤が発案した『土曜日』の喫茶店網や「読者の書く新聞」の意義を想起すると分かりやすい(6)。

中村が『土曜日』を「タウン誌」「ミニコミ誌」（九十九回）の原型と見るのは、この連載が執筆された一九八四年当時のコミュニケーションの状況を示している。情報交流ツールとしてミニコミ誌が市民運動、住民運動に欠かせないものとなり、また『ぴあ』や『プレイガイドジャーナル』など情報誌が最盛期をむかえるのは七〇年代から八〇年代半ば。「枯れぬ雑草」が執筆された一九八四年は、アップルの初代マッキントッシュが発売された年だそうだが、パソコン、インターネットの普及でミニコミ誌的状況は、いまソーシャル・ネットワーク・サービス（SNS）のなかにあるのかもしれない。

中村はのちに、京都文教大学人間学研究所の共同研究「京都論　その多文化的側面から」に参加して、「『土曜日』と喫茶店ネットワーク」を執筆し、斎藤が自転車で回るコースの喫茶店地図を作成した(7)(巻末資料参照)。

「きっかけさえつかめば、後は行き当たりばったりというのが私の流儀で、組み立てては走りながら考える。新聞だから通用することかもしれないが、意外と材料はあとからついてくるもので、この連載でも映画や喫茶店の話では、読者の人がいろいろと教えてくれた」

「フィールドワークのたねあかし」というコラムで中村はあらためて「読者の書く新聞」とはどういうことか、書き手と読者の往還が作り出す共有空間の意味を込めて「喫茶店ネットワーク」という言葉を使って考えようとしたものと思われる。

3　斎藤雷太郎のなまの声を

私は、中村に斎藤を取材した時の様子をインタビューしたことがある。二〇一一年七月のことだ。その数年前、『土曜日』編集メンバーの一人で、戦後は弁護士、京都生協理事長として活躍した能勢克男の旧宅から三一書房版『復刻版　土曜日』に収録されていない号数を含む『土曜日』が発見され、それを基に新しい研究会やシンポジウムが開かれていた(8)。若手研究者や編集者の間で、完全版『土曜日』を出版しようという話し合いがもたれ、そこに参加したときだった。喫茶室フランソアで開かれた会合で、私は中村にはじめて会った。

「完全版の解説者は『枯れぬ雑草』を書かれた中村さんが適任でしょう。一度お話を聞きましょう」と提案したのが西川祐子だった。

夏を越し、秋冬になっても『土曜日』完全復刻版の話は進まなかった。どうなるんだろう、と案じていた頃、二〇一一年の3・11に遭う。未曾有の東日本大震災と原発事故は、みなそれぞれに抱えていた仕事、未整理のまま宙ぶらりんだった懸案をも大きく揺さぶり、総括を迫ってきたかのようだった。何かしなくてはという焦りに背を押されるように、私は『土曜日』勉強会を立ち上げ、その最初の回を、中村に「枯れぬ雑草」連載について聞くというテーマで開催した。夏のある日、中村を囲む勉強会に参加したメンバーは、ほとんどが若い研究者ばかりだった。(9)

私たちはまず、「枯れぬ雑草」というタイトルの由来、背景を中村に質問した。

「連載一回目に書いているように、山下修三さんが『意想』という雑誌を出していて、そこに雷太郎さんが手記を書いていたのを見せてもらったのかな。山下さんという人を、僕は知らんのです。『意想』は河野仁昭さんにみせてもらったのかな。まぁ、和田(洋一)さんとか河野健二さんに取材してみて、探りを入れるというか……裏を取るというよりも、僕は雷太郎さんのいわはるママに書いていますね。雷太郎さんも覚えてないことが多くて……」

すでに新聞連載から三十年近くが経過し、中村は当時の様子を懸命に思い出そうとする。河野仁昭(一九二九―二〇一二)は京を舞台に活躍する詩人で、同志社大学社史資料センター室長の肩書をもつ人。河野健二(一九一六―一九九六)は京大人文科学研究所の経済史家だ。

若い研究者たちは、『土曜日』の研究史がながく中井正一、新村猛(一九〇五―一九九二)、真下信一(一九〇六―一九八五)、久野収ら『世界文化』の同人たち、知識人の在りようから問われていたのにたいして、中村の新聞連載によってその流れが変わった意味について問いただそうとさまざまな質問をした。さらに、一九八四年当時の社会分析、京都の政治情勢についても、中村に語らせようとした。

すると中村は、

「僕は『土曜日』について書こうという気はなかった。あくまでも斎藤雷太郎への個人的興味だね。あのね、僕はだいたい、左翼運動というのは田舎の分限者《ぶげんしゃ》の子が街へ出てきてやっている、と思っていた」

といい、その口はしだいに重くなり、彼らのたたみかける質問をみかねた西川は、「これほど長い連載がつづいたというのは、中村さんが雷太郎さんに惚れ込まれたからでしょう？　そこが中村さんらしい。自称「ズボラ組」として、あい通じる部分があったのかしら」と援護した。

中村がいった「分限者」とは、主に関西以西で使われる、地方の資産家、お金持ちのことである。故郷に金銭的に頼れる親や親戚兄妹があり、都会でなに不自由なく社会運動に身を投じることができる境遇にあったインテリが暴れている、というニュアンスを中村は言おうとしたのだろうか。『土曜日』を軽視しての発言ではない。(10)もちろん斎藤雷太郎は「分限者」ではなく、あくまでも市井の人、庶民である。小学校を四年でやめ、身一つで世間を渡り、都市文化の華である演劇、映画の世界で自分の暮らしをなりたたせた。周りの人間関係、職業上の体験から社会への疑問を感じ、権力ある者には従わない〝ズボラ組〟に徹して、「自分の能力にあったやり方」（六回）で道を切り開いていったことを中村は記事の中でたびたび強調している。

結局、『土曜日』完全復刻版の企画は立ち消えとなり、私は中村へのインタビューなどを参考にして、「『土曜日』と能勢克男」を執筆した。(11)以後、中村と会う機会は減った。

整理してみる。一九八三年秋ごろ、中村は河野仁昭から「『土曜日』以後　枯れぬ雑草」が掲載された雑誌をみせられ、斎藤雷太郎に取材してみようと思った。実際に斎藤に取材してみれば、即座に意気投合し、話は泉のようにあふれ、九十九回約七カ月の連載を「まったく話題にはこと欠かなかった」という。いままで自分が社会運動家や活動家らにたいして抱いてきた「分限者」イメージとは、まったく違う斎藤が、目の前にいる。

また連載十二回に引用されている、映画監督・伊藤俊也の『幻の「スタヂオ通信」へ』(れんが書房新社、一九七八年)が「鬱屈と向上心にあえいでいた大衆」雷太郎を取り上げていたこと。さらに、京都の民主運動史を語る会の会報『燎原』に斎藤自身が手記を掲載していて、中村の取材を補強する資料が揃いつつあったこともさいわいしただろう。中村自身も和田洋一や河野健二に独自に取材を行った。しかしその一方で、資料に頼るだけではない、斎藤雷太郎のなまの語りを中心にした記事にしたいと考えたのではないか。中村を囲む勉強会で、中村が私たちに「僕は『土曜日』でなく、斎藤雷太郎に興味があった」と語った心奥には、斎藤の声を直に受けとめたのだという自負と、斎藤への熱い共感があったのだといまになって思う。

4　中村勝が斎藤雷太郎に出会うまで

庶民の視点で

「枯れぬ雑草」という、風圧に耐えて、踏まれてもたちあがり、折れずしなやかに生き続ける〝大衆、庶民〟のイメージをもつタイトルはどこから来たのか。そのことを探るために、中村が斎藤雷太郎に出会うまでをここでたどってみよう。

平林一の論文「『美・批評』『世界文化』と『土曜日』――知識人と庶民の抵抗」（以下、平林論文と略）は、初めて本格的に斎藤雷太郎に言及した研究である。同志社大学人文科学研究所の共同研究「戦時下のキリスト者・自由主義者の抵抗の研究」班（一九六一年スタート）の成果、『戦時下抵抗の研究Ⅰ』（みすず書房、一九六八年）に収められている。

平林論文は、研究グループの代表である和田洋一の京都人民戦線事件における体験的自叙伝『灰色のユーモア――私の昭和史ノォト』（理論社、一九五八年）を出発点にしている。和田をはじめ、『世界文化』『学生評論』、詩誌『リアル』、そして『土曜日』に関わった自由主義的知識人たちは、取り締まり当局から一方的に、人民戦線戦術の反ファッショ文化活動を行ったとみなされ、治安維持法を拡大解釈して違反とされ、逮捕、起訴された。

『灰色のユーモア』では、和田がある特高刑事から、

「和田先生、あんたは警察の取調べにさいしてさっぱりたたかっておらんではないですか。……和田先生はもっとたたかわなけりゃいかんのに、ちっともたたかわなかった。だめじゃないですか」

と説教されるエピソードが象徴的だ（九十回）。特高刑事も思想検事も、ある人物が共産主義者ではないとわかっていながら、共産主義者に仕立て上げ、有罪にし、転向を強いた。個人の思想信条を捨てなければ獄を出してもらえなかった。この絶望的な体験が〝灰色のユーモア〟ということばに込められている。

『灰色のユーモア』の初版「あとがき」には、京都大学の多田道太郎（一九二四―二〇〇七）から理

論社の編集者へと推薦されたという刊行の経緯がしるされている。(12)

『世界文化』に関わることで、「ささやかな抵抗をした思い出の中には、もちろん誇らしい気持もある。しかしそのあとにはニガイものがまざってくる。(中略)昔の仲間が誰も進んでかこうとしなかったのは、一つにはそこに原因があったのかもしれない」(あとがき)と書いていた。

和田が茶番のような、しかし癒しがたい屈服の体験を〝灰色のユーモア〟と表現したのは、梯明《かけはしあき》秀《ひで》(一九〇二—一九九六、当時、大阪日本大学専門学校教授)の体験手記「転向声明書のイロニー」が先行していたからではないかと思う。梯は、戸坂潤(一九〇〇—一九四五)ら唯物論研究者を中心メンバーに結集した機関誌『唯物論研究』への執筆によって同時期、治安維持法違反に問われ、転向を強いられた。

梯は、「すべてが官製葉書のように共産主義者にデッチあげられ」た、と比喩している。人民戦線事件で検挙された人々は、自由主義者、社会主義者を問わず転向声明文の執筆提出を命じられた。そのなかで、戦後、転向内容を自ら公開する体験者はほとんどいない。梯は「八・一五」以後の虚脱のなかで、戦時下のイロニーと呼ぶしかない体験を戦争の遺産として受け止め、自己切開して、『戦後精神の探究——告白の書』(理論社、一九四九年)を世に問うた。(13)

梯の〝イロニー〟にも、また和田の〝灰色のユーモア〟にも、斎藤雷太郎のような大衆、庶民への関心はほとんど見られない。ふたりはともに、抑圧された戦時下のどこに知識人としての主体性がありえたのか、どのように抵抗の可能性があったのかを探り続けていた。前述したように、中村の「枯れぬ雑草」連載途中の七月二十二日、「〝庶民と戦争〟シンポジウム」で和田は斎藤を直に知り、自らの考えを変化させていったのである。

『土曜日』および斎藤雷太郎をはじめて正面から取り上げることになった平林一の論文は、和田の『灰色のユーモア』を基準点に考察されていることはすでに述べたが、仔細に平林の問題意識を追えば、和田の考察をそのまま追随していないことは明らかである。

知識人偏重の『土曜日』解釈から抜け出て、知識人と斎藤のような大衆、庶民との関係に目を向けたのが平林論文であった。

まず平林は、『世界文化』の特長として、「非常時」に正面から政治的闘争を表明するのではなく、世界の学術・文化の報道、海外情報の紹介にエネルギーを割き、「文化的抵抗線」を日本に確立したいという編集姿勢を重視した。その姿勢から、フランス人民戦線の新聞『ヴァンドルディ』を紹介して、『世界文化』同人の協力の下で『土曜日』発刊へ導いたことに着目した。『土曜日』編集を担った中井、能勢らにもつらぬかれていた、文化的な抵抗線を世間に拡げたいという考えと、小学校、中学卒業者を読者目標として、彼らに「わかりやすい」記事を掲載することを斎藤がいつも要望し、ときに論争していたということを、平林は価値ある「ぶつかりあい」として最大限に評価した。

平林は、戦時下抵抗研究班のメンバーとして活躍していたこの時期、アカデミックな雑誌ではなく、同人誌『現代文化』を仲間とともに創刊している。同人は、平林、河野仁昭（中村に最初に斎藤雷太郎の手記を見せた人物）らの三人。同誌に斎藤が「『土曜日』以前＝手記＝」（一九六六年）、同じく「手記・『土曜日』について」（一九六八年）を寄稿したのは、平林の要請だろう。この二つの手記は八年後にひとつにまとめられて大幅な編集が施され、三一書房版『復刻版　土曜日』に再録された。

「枯れぬ雑草」の系譜

平林が高く評価した、知識人と庶民との思想的「ぶつかりあい」が実際どのようにおこなわれていたか、その様子をうかがえる音源が残されている。戦時下抵抗研究班が実施した斎藤雷太郎、能勢克男へのインタビュー「『土曜日』をめぐっての座談会」である。

開催されたのは一九六六年一月二十三日。斎藤、能勢の証言を伝える貴重な資料である。私が、この音源が同志社大学人文科学研究所に残されていることを知ったのは、二〇一一年二月。中村や西川とともに『土曜日』勉強会を模索していた頃である。

読者の投稿について座談会参加者が質問する。能勢が「寥々《りょうりょう》たるものでした」と答えると、斎藤は「反響はありまして」と返している。すると能勢は「検閲に引っ掛かったことはいっぺんもない。斎藤社長の検閲の方が怖かったよ」と笑う。京都人民戦線事件で有罪となった能勢は、はじめは口が重く、照れと苦笑いが混じった表情がその声から想像された。

一方、斎藤の言葉は明快だ。

「一つ出版物を出すことを決めたら、定期的、持続的にきちっとやらんとね。その態度を見て買うてくれるわけですね、関係者は。……こういうものを買って読むという気持ちは、半分は抵抗精神と、真面目さを買うてくれる。〔『土曜日』は〕自分たちだけのものではなく、世間がみてますからね。それに望みを懸けているわけです。暗澹たる気持ちでいて、あすこに抵抗している人がいるところに、そこに救いがあるわけです」

ある質問者が、当時の言論弾圧に抗して細心の注意を払っていたことをめぐり、表向きの安全な活動と隠れた活動を意識していたか、つまり〝二重帳簿〟だという意識があったのかと尋ねた。

能勢　二重帳簿と言えるかどうか……。

斎藤　まぁ、しかし、二重帳簿的な意識はあったというのが本当だと思いますね。

能勢　ハハ（笑）。

斎藤　私たちが〔警察に睨まれないように〕会合を持たずにいようという言葉の裏には「二重帳簿があった」ということなんですよ。

このあと能勢は、斎藤の意見にたいして、自分たちの活動はそういうものではないとはっきりと否定している。警察からは「何か隠している」「お前たちは人民戦線じゃないか。お前たちはそれを知っているだろう」と追及されたが、そもそも『土曜日』は人民戦線を前提とした団体でも政党でもない、自分たちは個人であると主張した。能勢は法律家として、あくまでも（明治）憲法を守ることによって、自分たちの人権も守られていることを『土曜日』で示したのだと、具体的な記事をあげて語っている。「あらゆるところから抵抗ができる」「あらゆるところから憲法が守られ」、『土曜日』を介して、みながその意識をもち、広がっていけば皆が守られたはずだという考えがあったと強調した。しかし、そうした思想は広がらず、守られることもなかった、と能勢の声は次第に小さくなっていった。

一方、斎藤の言葉は「すくすく育つものは、絶えず、どこかで育つんだ、という確信がありました」と、誇りに満ちている。ふたりはときに「ぶつかりあい」、対照的でありながら、互いに認め合い、補いあい、『土曜日』の世界を築き上げてきた友愛が示された座談会であった。

「『土曜日』をめぐっての座談会」にて。左から住谷悦治、能勢克男、斎藤雷太郎

座談会が開催されたことは平林論文に小さく紹介されただけだった。それゆえ、音源は長く陽の目をみることなく、その後の『土曜日』研究にいかされなかった。(14)

平林の斎藤に関する問題意識は、その後も途切れることはなかった。

『戦時下抵抗の研究』執筆時、平林の肩書は、同志社商業高校教諭・同志社大学文学部講師であった。ちょうどその頃、大学紛争の嵐が吹き荒れ、同志社大学はもちろんのこと、定時制の同志社商高にも波及した。一九六九年、大学本部は商高の廃校を予定し、平林はその手続きを担う校長に選ばれた。廃校推進派と抵抗側の対立は激化し、平林は一九七五年、同志社から完全に去ることになった。予備校講師などをしながら、研究者生活は八年にわたり中断した。

平林らの研究環境の激変によって、斎藤が寄稿した同人誌『現代文化』は、一九七〇年・第五号で廃刊となった。

京都を離れた平林と斎藤の関係はその後も続き、斎藤は次の原稿を用意していた。一九八二年、平林の同志社商高時代の教え子・山下修三が『現代文化』の後継誌『意想』を創刊した。これに斎藤の三つ目の原稿「『土曜日』以後　枯れぬ雑草」が掲載された。山下の「編集後記」によれば、「原稿を斎藤雷太郎氏から手もとにとどいたのは、もうかれこれ八年近くになる。その手記を今日、ようやく『意想』に掲載するはこびとなった」とあり、斎藤の原稿執筆は一九七四年頃だったと推定される。『復刻版　土曜日』が出た年である。京都新聞の中村の目に最初に留まったのが、この斎藤原稿を載せた『意想』だった。

「枯れぬ雑草」という副題は、誰がつけたのか。今となっては想像するほかない。私は、このタイトルをみてすぐ、永良《ながら》巳十次《みとじ》（一九〇五―一九八九）の詩「悲歌」のことを思った。詩の内容はこうだ。

ある日、子供がどこからか名もない草を持ち帰った。何もない庭は灰色にかげっていったが、「だが草は枯れもせず」、風に揉まれて育っていく。子供たちは毎日、唯一楽しい日課のように草に水をあたえ、やがて「わたし」はその草が枯れずして冬を越すよう、「はげしく案じる身になってしまった」。

一九三六年『リアル』に掲載されたこの詩によって、永良は京都人民線事件の治安維持法違反で検挙された。判事が下した「予審終結決定」は、「あたかも幼児が空瓶に土を盛り草を植えて之を枯死せしめざる様努力する如く……共産主義社会実現の為地下活動を続行し居るものなる旨を表現した」という現在ではありえないもので、これによって永良は懲役二年、執行猶予三年の刑を受けた[15]。

中村は『意想』発行人の山下修三のことを知らない、という。しかし、永良については、斎藤が『京都スタヂオ通信』発行に逡巡していた一九三五年頃、永良に相談したことは連載二十一回に書き留められている。斎藤は永良の詩を戦後も記憶していた可能性が高い。だから、中村に永良のことを話したのだろう。(16)

また、山下が「八年近く」斎藤原稿を預かり、保存していた過程で、『土曜日』以後の斎藤の激動の半生を思って、「枯れぬ雑草」という表現を選んだとしても不思議ではない。山下もまた、恩師・平林の問題意識を受け継いでいた。斎藤のことばは和田、平林、山下から中村勝へと引き継がれ、「枯れぬ雑草」のイメージもまた確実にリレーされた。

5 〈読者〉になるということ

『土曜日』『世界文化』の執筆者たちは、一九三七年十一月から翌三八年六月にかけて検挙され、『土曜日』は四十四号で廃刊に追い込まれた。斎藤は半年ほど拘留され、起訴猶予で釈放された。保証金五百円と新聞を週発行にするために貯めておいた四百円を戦中も大切にとっておいた話(九十八回)は、戦後になって、和田洋一やかつての関係者をとても驚かせた。中村は斎藤に撮影所での月給、生活費、『土曜日』の製作費、広告費などを随所で語らせている。『土曜日』の経営が斎藤にとって「生活の基盤」であり、その経済感覚が戦後も変わらず暮らしを成り立たせていたことにとりわけ強い共感を寄せている。斎藤と中村に共通する哲学といってもいいだろう。

「枯れぬ雑草」連載の後、斎藤は各地の民主団体や研究会から講演、執筆の依頼を受け、多忙な日々を送った。

九〇年代に入り、能勢克男が『土曜日』の時代に撮影した8ミリフィルムが公開されると、その上映会に斎藤が呼ばれるようになった。[17] 鶴見俊輔が会場にかけつけることもあった。

政治学者が映画を批評したり、社会分析の材料に映画を用いるなど、領域横断的な映画史、社会史研究が盛んになったのはこの頃のことだ。資料としての映画保存にも関心があつまり、国立映画アーカイブが発足した。時代劇映画の上映会やDVD化も盛んだ。斎藤が亡くなる半年前には、松竹シネマ『元禄快挙余譚　土屋主税』（一九三七年）のなかで、芸名「池田守作」こと斎藤の出演が確認された。中村は「確定できない」（十一回）と書いていたが、同映画の「落花篇」で「文廻し屋」池田守作の数秒の演技を見ることができる。[18] 斎藤が出演した映画のほとんどは現在では見ることができないが、将来発掘されることを期待したい。[19]

斎藤の最後の執筆となった文章「歴史に学ぶ」は、山下修三編集『意想』第四号（一九九二年）に掲載された。中村が手に取り、「枯れぬ雑草」連載のきっかけとなった創刊号から八年後、斎藤が書いた最初の手記から、じつに二十六年が経過していた。

一九九七年六月七日、斎藤雷太郎は九十四歳の生涯を終えた。雷太郎の長男斎藤嘉夫氏のはからいで、中村は葬儀に参列した。雷太郎没後も機会があれば斎藤や『土曜日』、自らの「枯れぬ雑草」の話題を文章にした。

中村は二〇〇〇年に京都新聞を退社し、以後フリーライターとして、写真家甲斐扶佐義とコンビを組んで記事を書き続けた。京都新聞の企画「京都いきあたりばったり」は、二人が京の街を「いきあたりばったり」に歩き、甲斐の興味を惹いた街角、人物写真で紙面の三分の二を占め、その写真説明になっているような、なっていないような中村の文章が添えられるという奇妙な企画だが、これが結構人気を集めた。古びた看板や猫のいる風景写真と、中村の「抑制のとれた、しかしちょっと味のある筆致で、街の歴史を書きとめる」（井上章一）文章に、読者は「何かを勝手に読みとり、片想いめいた共感」（同）をよせるのだという。三十七回続いた連載はすぐさま本になった。[20]

甲斐さんには、何かの事件をとった写真がすくない。新聞記者の眼と対照的である。新聞記者の中村さんがひきつけられたのは、そこだろう。それはもともと中村さんのなかに、反新聞記者としての半身があるからだ。（中略）

写真に反写真をひそませる写真。新聞に反新聞をひそませる新聞。二つのジャンルが相互のりいれするところからうまれた、おもしろい文集だ。

同書の序文で鶴見俊輔は「写真／反写真」「新聞／反新聞」という独自の表現を使っている。ある思想や出来事のひとつの意味だけを煮詰めて、それが正統だと主張する考え方ではなく、時に対立したり、矛盾しあうすべてを見ようとしている。これは中村と甲斐のコラボレーションの分析でありつつ、かつて読者を読者として閉じ込めておかなかった斎藤雷太郎ら『土曜日』の方法に接近した中村の到達点でもあるかに読める。中村と甲斐の名コンビが、書き手・送り手と受け手の往還がつくりだす共有空間としての、もうひとつの『土曜日』を再現してみせたといえるだろう。

『土曜日』が目指した世界をいま、再現してみる、とはどういう意味をもつのだろうか。もし中村に尋ねることができるならば、何と答えるだろう。「いやいや、『土曜日』の時代の厳しさ、弾圧のなかで、雷太郎さんたちが命を賭けてやられたことに比べたら……」というに違いない。しかし、中村によって書き留められた斎藤の語りと、読者や書き手、役者と観客、作り手と受け手というさまざまな壁を乗り越えて、響き合うメッセージに耳を傾けることによって、私たちは八十年以上前の『土曜日』の記事を今にも通じるものとして読むことができる。

「一部ずつ見ておれば大したことはないが、続けてみていると、反社会性の精神が流れている」（九十回）として『土曜日』は弾圧された。当局がいう「反社会性」とは、権力や体制に逆らう人、また、「個」を主張し、同調圧力にたいして自分の頭で考え、声をあげる人たちという意味だ。でっち上げ、茶番だったと言っていてはすまされない。『土曜日』が立憲主義、人権、自由主義の戦前最後の抵抗として「記念碑的作品」であったという指摘は、今現在の私たちの状況をも振りかえらせる。

「斎藤さんが『京都スタヂオ通信』を出し『土曜日』をやったという、その根っ子にあったものは何だったんでしょうか」

中村が連載の最後に尋ねた斎藤の答えは、

「権力に対する憎しみ、ですねぇ。この気持ちは今でも同じですよ……結局、貧乏人に対する裏切りができなかった、ということだと思う」（九十九回）

というものだった。

「貧乏人を裏切らず」という信念は、中村が連載の指針とした「市井の中で育まれたものが私たちを勇気づける」(二十三回)に通じている。中村もまたそういう人物だった。

私はここにもう一人の『土曜日』編集者、戦後も『土曜日』にこだわり続けた能勢克男の「頼もしき隣人たらん」という言葉を添えておきたい。能勢はこれを宗教的な隣人愛ではなく、経済効率が優先される現代社会において、生産/消費の関係ではなく、一人ひとりが尊重され、頼り頼られる協同社会への指針として、生涯大切にした。斎藤自身も、将来は『土曜日』に「消費組合的な面も取り入れ」(十二回)たいと語っていた。

読者は本書のあちこちに、今という危機の時代を生きるヒントが埋まっていることを発見されると思う。私たちは中村勝とともに、斎藤雷太郎とともに、もう一度、そして何度でも〈読者〉となり、〈書き手〉となることができるだろう。

(近現代史研究者)

注

(1) 高橋幸子『10才のとき』福音館書店、一九九一年。森まゆみ『暗い時代の人々』亜紀書房、二〇一七年など。

(2) 鵜飼正樹・高石浩一・西川祐子編『京都フィールドワークのススメ――あるく、みる、きく、よむ』昭和堂、二〇〇三年。

(3) 京都人民戦線事件という名称は、当時の検察側が名付けた「人民戦線文化運動」からきていることは注意しておく必要がある。一九四〇年、司法省刑事局の京都地方裁判所検事が『世界文化』『土曜日』などにかかわった知識人たちの教育環境、思想的背景、京都の自由主義的特質を調べ上げて、『人民戦線と文化運動』（社会問題資料研究会編、東洋文化社から復刻。一九七三年）という冊子をまとめている。同書は『世界文化』『土曜日』を弾圧するだけでなく、あらゆる自由主義的な思想、文化、宗教活動まで監視をひろげ、禁止するための内部資料として書かれ、人民戦線とは何かという根本的な論究や、『世界文化』や『土曜日』などの執筆者が考えていたこと、目指したものを理解し、解説したものではない。しかも、同書には斎藤はほとんど言及されず、彼が『土曜日』に果たした役割も考察の対象にされなかった。こうした見方は、戦後、治安維持法が廃止され、警察と司法が改革されてもなお、知識人が大衆を啓蒙する『土曜日』という解釈になが く影響を与えつづけた。戦後に否定された戦前治安維持体制で使われていた事件名であることに留意しつつ、事件の当事者たちが人民戦線や反ファシズム統一戦線そのものを否定していたわけではなく、戦後には積極的に統一戦線を希求していたことを考えて、本論ではこの名称を使う。

（4）一九七七―七八年連載。一九八〇年『京都の映画80年の歩み』と改題して京都新聞社から刊行。執筆は太田垣實記者。

（5）井上ほか執筆、くらしと協同の研究所編『歴史資料集第七号　能勢克男と京都（家庭）消費組合』二〇〇三年。

（6）荒瀬豊「読者の弁証法――『土曜日』における実験と実践」『抵抗と持続』世界思想社、一九七九年。

（7）鵜飼正樹・高石浩一・西川祐子編『京都フィールドワークのススメ――あるく・みる・きく・よむ』昭和堂、二〇〇三年。

（8）能勢克男については、『デルタからの出発――生協運動と先覚者　能勢克男』かもがわ出版、一九八九年参照。

（9）二〇一〇年度同志社大学人文科学研究所の共同研究会「生活協同組合と地域事業連合の総合的研究」班（代表・庄司俊作）勉強会（部会長・大鉢忠）。参加者は中村のほか、西川祐子、及川英二郎、雨宮幸明、佐藤洋、藤井祐介、井上史。

（10）中村が『土曜日』を熟読していた例をあげておく。中井正一による、『土曜日』創刊号の巻頭言一行目は、原文では「一杯の自分の力をじた冒険者達」と脱字がある。はじめて巻頭言集を収録した、久野収編『美と集団の論理』（中央公論社、一九六二年）以後、ここは「感じた」と読まれてきた。これを「一杯の自分の力を信じた冒険者達」（七十二回）と校訂したのは中村独自の解釈である。中村は巻頭言の「我々の生きて此処に今居ることをしっかり手離さないこと」（文中の言葉。これが次号のタイトルになった）という力強い主張をくみ取って、「自分の力を信じた」としたのだろう。

（11）拙稿「『土曜日』と能勢克男」同志社大学人文科学研究所『社会科学』二〇一二年二月。

（12）『灰色のユーモア――私の昭和史』は二〇一八年、人文書院から復刊。初版の「あとがき」は収録されなかった。

（13）同書は、旧版本文や戦時下の論考、さらに「復刊にあたっての言葉」を加えて、一九七五年、勁草書房から復刊された。「旧版の運命について」の章で、一九五九年春頃、和田洋一『灰色のユーモア』出版記念会、故中井正一の十周忌追悼会の両会に参加して和田と面談している。また和田は『灰色のユーモア』（初版）の刊行に際し、梯、永良巳十次（後述）らに自身の記憶違いを修正されたことを記している。

（14）座談会の記録は、中村を囲む勉強会のメンバーらとともに開かれた、公開講演会の記録集『能勢克男における〝協同〟』同志社大学人文科学研究所研究叢書四三、二〇一二年に収録。

（15）『だが草は枯れもせず――永良巳十次遺作集』かもがわ出版、一九九〇年。

（16）永良も、『復刻版　土曜日』が出版されると、『京都民報』で続いていたシリーズ「近代京都の足跡」に「『リアル』から『土曜日』まで」（一九七五年三月十六日）を寄稿。
（17）能勢撮影の8ミリ映像は、雨宮幸明企画構成・牧野守監修『DVD　ファシズムと文化新聞『土曜日』の時代――1930年代能勢克男映像作品集』六花出版、二〇一二年で見ることができる。
（18）朝日新聞・安永拓史記者の発見。
（19）現在確認できる斎藤雷太郎出演の映画は以下のとおり。
「盲目の使者」　監督・賀古残夢　東亜キネマ西宮甲陽撮影所　一九二五年封切り　斎藤雷太郎の映画初出演作品
「大陸を流るゝ女」　山上紀夫　近代座　下加茂撮影所・満州　一九二七年
「掏摸の家」　小沢得二　小沢映画聯盟　東海撮影所　一九二八年
「からす組」　犬塚稔　阪妻プロ　太秦撮影所　一九三〇年
「黎明以前」　衣笠貞之助　松竹下加茂撮影所　一九三一年
「大阪夏の陣」　衣笠貞之助　松竹下加茂撮影所　一九三七年
「元禄快挙余譚　土屋主税　落花篇」　犬塚稔　松竹下加茂撮影所　一九三七年
（20）『ほんやら洞と歩く――京都いきあたりばったり』淡交社、二〇〇〇年。

『土曜日』の発行者

鶴見俊輔

本紙〔『京都新聞』〕にききがきを連載している斎藤雷太郎氏の名前は知っていたが、会ったことがなかった。

原爆の図を見る会の計画した一連の集会の中で、この人の話をきくことができて、うれしかった。

斎藤氏の発行した月二回の新聞『土曜日』は、これまで、おなじ時期に発行されていた文化総合誌『世界文化』の付属品のように考えられてきたが、そうではないことが、この会合に出て、わかってきた。

『世界文化』の同人だった和田洋一氏の話によると、雑誌のほうは知識人の同人雑誌だったので、よい原稿を無料で書けば、それで終わりということだったが、新聞のほうでは、そうではなく、発行責任者の斎藤氏が、広告とりにせいをだして、新聞は発行の時にすでにもとをとっていて、無限に再発行できる仕組みになっていた。コーヒー店などにおいてもらうために、斎藤氏が自分で出かけて品物をおさめ、評判をきいてきた。こうして読者の感じ方が新聞にうつってきて、その点でも、知識人本位の『世界文化』とはちがっていた。

『土曜日』をおいていたコーヒー店「フランソア」店主夫人の立野留志子さんの話では、この新聞をかこんで大学生が何時間もコーヒー一杯でねばって議論をしているので、別のお店に移ってつづけてくださいとたのんだこともあるそうだ。一部三銭の『土曜日』をコーヒー代十五銭の中にふくめて、お客には無料でもちかえってもらうことにしていたそうで、夏休みには学生が出身地にかえってしまって、ある時には北海道までおくってくれとたのんできたそうだ。送料「フランソア」もちでおくると、すみませんでしたと言って鈴蘭をたくさんお礼にとどけてきたそうである。

『土曜日』を手にとってみると、そのころ京都にあったコーヒー店や飲食店が、広告をとおして浮かんでくる。それは一つの架空都市といってよい。すでに軍国主義時代に入っていた日本人にとって、コーヒー店で休むつかのまの時に彼をおとずれる都市の幻想を『土曜日』は、とどけていた。現在、斎藤雷太郎氏は八十歳をこえて明晰な語り口をもつ温顔の老人で、古着屋をいとなんでいるという。『土曜日』は、斎藤氏のつとめていた撮影所の縁で、『スタヂオ通信』としてはじまり、時事問題をも論じ得る新聞としての『土曜日』にかわってから、うれゆきをのばして八千部に達したところで、編集会議の三人のメンバー（中井正一、能勢克男、斎藤雷太郎）の逮捕で終わった。廃刊の時にいくばくかの金を残していたという。

こういう新聞をつづけることができたのは、みずからは小学校に四年しか行けなかった斎藤雷太郎氏の自分の中にたもちつづけた、あるべき文化への意欲であり、それが一つの力となって、読んでわかるような文体をもつ小新聞を、軍国主義の時代にしばらく保つことができた。立野さんの話によると、そのころは大学生が妹をつれてフランソアに来ていても、警官に交番までこいと言われたことがあるそうで、そういう時代の中に、『土曜日』は別のものをおいた。

（『京都新聞』一九八四年八月十四日夕刊「現代のことば」より転載）

『土曜日』発行当時の喫茶店地図（河原町界隈）
『土曜日』の広告欄から中村勝が作成

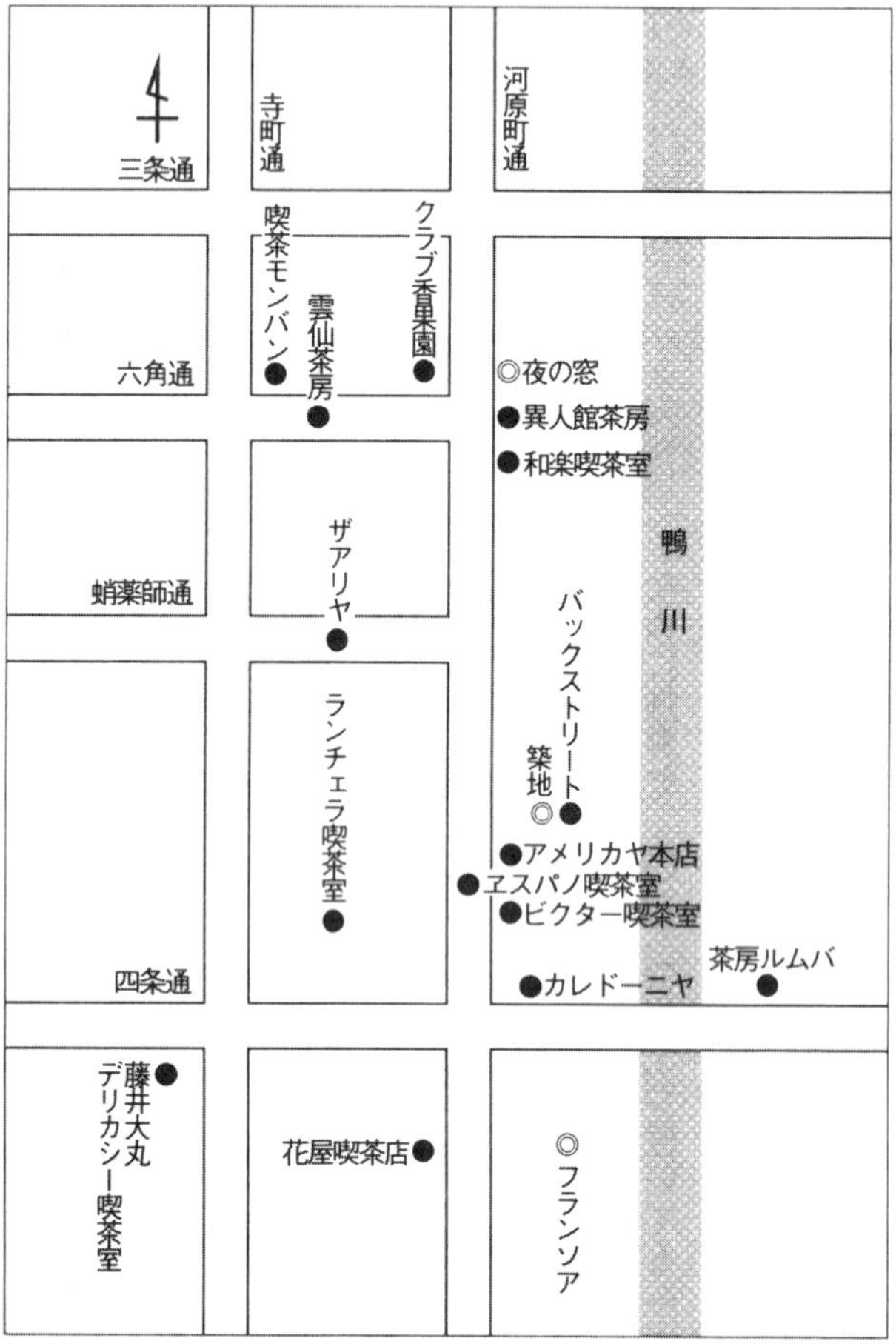

鵜飼正樹・高石浩一・西川祐子編『京都フィールドワークのススメ』昭和堂、2003年より転載

『土曜日』と喫茶店ネットワーク

1936〜37年当時の京都の喫茶店（『土曜日』広告から中村勝が作成）

	店名	所在地	掲載広告の内容より
	クラブ香果園	河原町六角角西宝塚劇場前	果実と喫茶、フルーツみつ豆
	ビクター喫茶室	四条河原町上ル東入ル	音楽喫茶室
	バックストリート	四条河原町上ル東入ル	ＲＣＡビクター自動交換機設置
◎	フランソア	四条小橋南入ル西側	古典近代現代の名曲
	花屋喫茶店	四条河原町	都会生活に重要な役割を果たす店
	藤井大丸デリカシー喫茶室	寺町四条角	高雅なサロン、本格的な調理
	ランチェラ喫茶室	四条河原町西入ル上ル	ダンスミュージック
	ザアリヤ	河原町蛸薬師西	純音楽喫茶室
	茶房ルムバ	南座前北入ル	独特の音楽、都大路の近代人向きグリル
	和楽喫茶室	河原町六角下ル東側	喫茶と軽い食事
	雲仙茶房	新京極六角東松竹座横	
	カレドーニヤ	四条河原町東入ル	京に誇る西班牙風喫茶室
	アメリカヤ本店	河原町四条上ル東側	一階はセコンドハンドのメリケン物屋
	異人館茶房	河原町六角	静がな片隅が皆様のお出でをお待ちして居ります
◎	夜の窓	河原町六角	宝塚ジェンヌの喫茶
	ヱスパノ喫茶室	河原町四条上ル東側	ＲＣＡ新鋭機新設
	喫茶モンバン	京極松竹座前	雅味豊かなうす茶、階上軽い御食事の用意も
	ビクターボイス	高倉四条下ル、河原町今出川西	音楽と喫茶
	茶房　白牡丹	新町仏光寺南	
◎	築地（館）	四条河原町上ル東入ル	
	喫茶アカネ	寺町二条下ル	ＲＣＡビクター演奏
	純喫茶ヤナギ	川端通今出川大橋上ル	静かな音楽・明るいムード
	光誠堂喫茶部	京大農学部前東入ル	菓子と喫茶

※◎印は現在も営業している店（「夜の窓」は形態が変わっている）

鵜飼正樹・高石浩一・西川祐子編『京都フィールドワークのススメ』昭和堂、2003年より転載
〔編者注：上記表の◎印は2003年時点で営業をしていた店である。現在は不明〕

父・雷太郎のこと

斎藤嘉夫

私が生まれたころ、父はすでに古物商として生活を営んでいた。『土曜日』を主宰していたころの父も、役者であった父も、私は実際には知らない。子どものころは父が発行人だったことは知る由もなく、初めて知ったのは成人してからだった。したがってこれから書く父の思い出は、『土曜日』とは直接関係のない話がほとんどだ。父から聞かされた父自身の子ども時代の様子、そして私から見た父としての雷太郎の一面。とくに父の子ども時代の話は私が幼少のころに聞いたことなので正確ではないかもしれない。また父としての雷太郎の姿も私がそう感じた、という主観的なものにすぎない。しかし、そのような断片的なエピソードであっても、父という人物のある部分は浮かび上がってくるように思う。

ひもじかった少年時代を生き延びる

まず、父・雷太郎の子ども時代の話から始めてみよう。いくつかのエピソードが思い出されるのだが、私がとくに印象に残っているのは、祖父母の離婚後、雷太郎が父の吉助に引き取られたころのさびしく、つらい話だ。

祖父母が離婚したのは父が十歳のときだ。雷太郎の弟の海三は祖母に引き取られたという。祖母は大店の娘で、祖父はそこで働く腕のいい職人だった。ところが、酒飲みだった祖父は酒におぼれて仕事をしなくなり、だんだんと生活に困るようになった。結果、離婚に至り、家族は二つに分かれた。

離婚し、雷太郎とふたり暮らしの吉助。だが定職はなく、仕事を求めて吉助は朝早く家を出て、夜、日が暮れてから帰ってくる生活を繰り返していた。夕飯を食べられずに待つ雷太郎は、家の下のまっ暗な原っぱまで坂を下り、父親を迎えに行くのが常だった。たばこの火がボーッと明るくなるのを見て、「父ちゃんか?」と声をかける。違うことがわかるとまた坂を下る。とうとう坂の下まで来てしばらく待つが、父親に会えそうもないと諦めて家に帰って寒い布団に潜り込んだという。うまく父親に会えたときは、近所のめし屋にいっしょに行って夕飯を食べた。時には、食事のあとに落語を見たこともあった。雷太郎はそれが楽しみで、食事をおえると、それとなく父親を誘うが、なかなか連れていってはくれなかったそうだ。

ある朝、雷太郎に父親が「めし屋のおばさんに頼んでおいたから夕飯はそこへ行って食べろ」と声を掛けて仕事に出かけたことがあった。雷太郎は夕飯時にそのめし屋に出かけてはみたが、何か引け目を感じて戸を開けることができなかった。女将さんが自分に気づいて中に呼んでくれないかと期待しながら店の前を行ったり来たりしたそうだ。しかし結局声はかけてもらえず、雷太郎はあきらめて食事をせずに家に戻り、寒い布団に潜り込んだ。

なぜ、雷太郎はこんなにもじもじとしていたのだろうか。もし飯を食べたとして、その金は誰が払うのか。自分は一文無しである。父親は果たして来てくれるのか。そんな心配があったようだ。

じつは、この前日は吉助の給料日だった。吉助は久しぶりにめし屋で一杯引っかけ、息子にもいい思いをさせてやろうと女将さんに金を渡し息子の夕飯を頼んでいたのだった。だが、雷太郎は父親のふだんの様子から、父親がまさか女将さんに事前に金を渡していたなどとは想像すらしていなかった。吉助はぐうたらではあったが気のいい人であった。しかし、吉助が一言、雷太郎に「金を渡しておいたから」と告げていれば雷太郎は飯にありつけただろうに……。

このエピソードからもわかるように、雷太郎の父親との暮らしは、豊かさとは無縁であった。いつもひもじい思いをしていたのである。

冬の寒い日には近所にあったキリスト教の教会に出かけて暖を取ったという話も聞いたことがある。教会の人たちは、みすぼらしい雷太郎にあたたかく接してくれて、居心地はこのうえもなくよかったそうだ。しかし、教会に泊まることはできなかった。夕方、時間が来ると閉まってしまうので、しかたなく暖房のない家に帰った。そして、明日も教会に行こうと思いつつ、せんべい布団でひもじい腹を抱えながら眠りについた。

あるとき、雷太郎少年は、空腹を満たすために小銭稼ぎを思い立つ。稼ぐ場所は家の近くにあった競馬場やゴルフ場。さっそく通い始めたものの、思うように仕事にはありつけなかった。なぜなら、雷太郎はまだ小学校低学年だったからだ。ほかにも仕事を求める子どもたちがいて、しかも自分よりも年上の高学年。たとえば、重いバックを運ぶゴルフのキャディーの仕事は高学年の子どもに割り当てられる。低学年は後回しである。

しかし、時には人手不足ゆえに低学年の雷太郎にも仕事が回ってくることがあった。同級生に先を越されまいと、全神経をそちらに向けワクワクドキドキしながらその時を待ったという。首尾良く仕事にありついて、小銭を手に入れたときのうれしさといったらなかっただろう。雷太郎少年はその小銭で空腹を満たした。なかなかたくましいが、生きるのに必死だった。

そういえば、競馬場やゴルフ場には外国人の客も多かったそうで、父はまだ小学校低学年だったにもかかわらず、外国人と英語で話していたというのだ。つまりは実地で習得したということなのだろう。父の英語は不思議と外国人に通じた。今から六十年くらい前のことになるが、私の弟がまだ小学生だったころ、京都の町で仲良くなったというイタリア人の三十歳くらいの女性を連れて家に帰ってきたことがある。弟が人懐こくてかわいいので、その女性がついてきたというのが真相のようだった。それはともかく、その女性を天神さんに案内をしようということになり、父と私と弟も一緒に出かけたとき、父は天神さんまでの道すがら、今歩いている上七軒がかつては遊郭であったことを、ニコニコしながら英語でこともなげに説明をやってのけた。もちろん、片言の英語なのだが、中学生だった私は、そんな父をみて、すごい人だと思ったことをよく覚えている。

ものごとをよく観察し、創意工夫せよ

このように、私は父に誇らしさを感じていた。だが一方で恥ずかしいと思うこともあった。人前でもどこでも、いつも大きな声ではっきりとものを言うのが、子どもからみるととてもいやだったのだ。たとえば、父に連れられて保津峡に遊びに出かけたときのこと。駅で父が駅員さんから鉛筆を借りてなにかのメモを書いていたのだが、そばにいた人が「その鉛筆を貸してほしい」と父に頼んでき

た。すると、父は、「この鉛筆は駅員さんから借りたのであるから、又貸しはできない。私が駅員さんに返すから、あなたも駅員さんから借りたらどうですか」と大きな声で言い放ったのだ。それはたしかに正論なのだが、私は子ども心に鉛筆くらい貸してあげればいいのに、と居心地の悪い思いをした。

ただ、いま考えてみると、これは父なりの親切心だったのだと思う。こうしたほうが良いと思うことは相手がだれであろうとひるむことなく、ニコニコしながら提言する。決して咎めるのでなく、あくまで提案するのである。それが父のスタイルであった。

同じく駅でこんなこともあった。たしか昭和二十五年（一九五〇）ごろのことだ。

父は幼い私をあちこちに連れて行ってくれたが、ある日、京都駅に汽車を見に出かけた。京都駅にはたくさんのホームがあり、次から次へと列車が入ってくる。しかし、ホームにいる人にはその列車がどこへ行くのか、わからなかった。先頭には行き先が表示されているのだが、それを見逃すと、どこ行きなのか見当もつかない。駅員に聞こうとしても駅員はいないし、行き交う人に尋ねても知らないという。ようやく駅員を見つけて、父は笑顔でこう言った。「行き先を横に表示するとわかるんですがね」。駅員はまったく聞く耳をもたず、「そんなことできない」とけんもほろろだった。父は意に介さず、平然としていた。

いま、ご存知のとおり、電車もバスも車体の横に、行き先が表示されている。もちろん、父の提言でそうなったわけではないが、父はだれも気がつかない前に、こうしたアイデアを思いつく才能があったように思う。父が私によく言っていたのは、「ものごとをよく観察し、創意工夫せよ」ということであり、実際、自身も生活の中でもそれを怠らない人であった。

たとえば、銭湯で父は石鹼の泡のついたタイルを見せながら、「このタオルにはまだ泡がついているだろう。この泡にはまだまだ洗浄力があるから水で洗い流してしまうのはもったいない。からだを洗い終わったら、最後にその泡でタオルをよく洗うといい」と私を諭した。

観察力が足りないという理由で、叱られることもあった。

父が店の座敷で切り張りの仕事をしていたときのこと。私は横からそれをのぞき込んでいた。父が突然、「それをとれ」と私に指示を出した。「それではなんだかわからない」と答えると、父の雷が落ちた。「おまえは何を見ていたのだ。見ていたら私が次になにが必要なのかわかるはずだ。ぼーっとしてないで見るならちゃんと見ろ！」。

まるで、親方が弟子になにかを教えるときのようで、子どもに無茶苦茶なことを言う人だなと、今なら眉をひそめられるような言動かもしれない。私も実際、怖かったが、大人になったいま、案外役に立っている。たとえば、だれかといっしょに作業をしているとき、その人の目の動きで、その人の望むものをとってあげることができるのだ。たいてい「なんでわかったの？」と驚かれ、そしてとても気がつく人だと感心される。父の教育の賜物といえるだろう。

しかし、それも今だからそういえるだけであって、子どものころは父の厳しさを耐え難く思ったことも何度もあった。何か失敗するたびに、父に叱られるのではないかとびくびくしていた。ところが弟には父は甘かったのだ。なぜなのかさっぱりわからず気に病んだ。

ずいぶんあとになって、私の妻が父に、「兄には厳しく、弟には甘く育てたのはなぜか」と尋ねたことがあった。すると父はこう言った。「子どもはどう育つかわからないので実験した」。まったく、厳しくされたほうとしては唖然とするような答えだったのだが、父は、子どもの教育とその結果との相関はないとも言った。どのように育てても子どもがどのように育つかは不明であるということだ。父のこの意見に、いまの私は同意する。

別の機会に、父と酒を呑みながら、「あんなに厳しく私を育て、グレて刑務所に入ったらどうするつもりだったのか」と尋ねたことがあった。父の答えは「隣の房に入って私も一緒に座る」だった。現実にそうしただろうかはわからない。しかし、父は父なりに難しい子育てに真剣に取り組んでいたのだな、と長年のわだかまりが氷解するような思いになった。

おたがいができることをする助け合いの精神

自分がこうと思ったらものごとをはっきり言う。それが他人であろうと自分の子どもであろうとかまわず、伝える。それが父の一つの特質であるとしたら、父のもう一つ大きな特質は、困っている人に手をさしのべるのは当たり前だという感覚をもっていたことではないかと思う。たとえば、どこそこで火事と聞けば、「あのあたりに○○さんの家がある」といって飛び出していった。その人は一人住まいで男手がなく、火事で難渋しているだろうから手助けにいかないと、という思いが父を走らせたらしい。

父は、「下着を二枚持っている者は、一つも持たない者に分けなさい」と言ったイエス・キリストをとても尊敬していた。キリスト教に親しみをもっていたのは先に書いた子どものころの体験があるからであろうが、ことあるごとに「もしいまイエスが私のところに訪ねてきたら、一、二か月なら飯を食わせてあげる」と話していたのを思い出す。

父の生きてきた時代は長らく、飯を食うことが最も大切なことだったので、二カ月もの食事の提供は父にとって最大限の歓待の印だったのだろう。そのくらいイエスを尊敬していたし、その気持ちを最大限にあらわすために自分ができる範囲でもてなしたいと思っていた。

できる範囲というと、消極的に聞こえるかもしれないが、文字通り自分のできる範囲のことは最大限するという意味で、できないことをできるとは決して言わない人だった。人にはできることとできないことがある。それぞれのできることを結集してこそ大きなことができる。父はそうも言っていた。ちなみに、それは私がボランティア活動をするときのひとつの指針になっている。

「困っている人を助ける」の関連で、もう一つ思い出すエピソードがある。

父は店番を母にまかせて、映画や芝居によく出かけていたが、あるとき、ストリップ劇場に行ったらしい。そのときの顚末を母に話しているのを聞いた。それによると、開演時間になってもいっこうに幕が開こうとしないので、どうしたのかと怪しんだ父が、様子をうかがいに舞台裏に行ってみたところ、踊り子がしゃがみこんでいたという。ただでさえ安い賃金が遅配になり、金がなくて食事ができず、腹がすいて踊れず、しゃがみこんでいたということだったのだ。事情がわかった父は舞台に立って、観客に事の次第を説明し、ストリッパーの窮状を訴えたという。そのときの様子が新聞に報道されたようで、父母はその新聞を見ながら話していたのだった。

そして、だれもいなくなって

父が亡くなったのは平成九年（一九九七）六月七日。父の法名は雷光院釋刊曜という。世俗的にいうと、「お浄土の雷光院にお住いの『土曜日』を刊行していた人」となる。

じつはこの法名は私がつけたものである。父の厳しさゆえに仏教に目覚めていた私は大病をしたのち、妻の縁もあって、浄土真宗本願寺派の僧侶釋無障になった。そのおかげで、母みどりにも弟にも法名を付けることができた。

父は「私が死んだら灰を山や海に撒いてくれればよい。墓はいらない」と常日頃から語っていた。しかし、母が「私が死んだらどこの墓に入るのか」と嘆くため、私と妻で墓を建て、いまは父も母もその墓に眠っている。

母は父の死後、長生きをして、父が亡くなったのちの平成十四年（二〇〇二）の十一月、九十歳のときに句集「梔子《くちなし》」を出版した。

その句集の中に、父への悼詞がおさめられている。亡くなった日に詠んだのは、

山若葉　別れは小さき　柩窓

だった。

私も、母が死んだ次の年に母を偲んで短歌を読んだ。

「梔子」と　遺す句集は　自費出版　独立自尊の　母の面目

父と母が結婚したのは、父が役者をやめて果物商を始めたころ、昭和十九年（一九四四）だった。母の友人の紹介で出会ったのだという。母は京都の大丸に勤めており、父は酔うとよく山本富士子似の美人だと言っていた。

仲人をしてくださったのは、京都の居酒屋「れんこんや」の女将、斎藤はるをさんだ。れんこんやは、新劇の役者や芸能人がよく通う有名店で、代はかわったがいまも続いている。私も成人してから、父といっしょにれんこんやに呑みに行った。斎藤はるをさんが父母の仲人だったことは、そのとき知った。

れんこんやでは、父とかかわりのあるさまざまな方々の名前や話を耳にした。能勢克男さんや晩年知り合うことになる鶴見俊輔さんの名前も聞いた。

もっとも能勢さんのことを私が知ったのは、れんこんやではなく、母から聞いたように記憶している。父と能勢さんはよくお酒を呑んでいたようで、酔って帰った父が母に能勢さんの話をしていたことがあり、あとで「能勢さんってだれ?」と母に尋ねると、「弁護士さんよ」と答えた。それからちょっとあとに、『土曜日』の存在を知り、能勢さんも仲間だったことがわかった。

鶴見俊輔さんについては、父は「すごい人だ、えらい人だ」といつも言っていた。京都新聞の中村勝さんの連載が終わった後、父はあちらこちらの講演会や研究会に呼ばれたのだが、鶴見さんはよく会場にきて、聴衆席で話を聴かれていて、父に付き添っていた私も鶴見さんのお顔も知ることとなった。

父が死んだとき、中村さんに「父が死にました。生前中はお世話になりましてありがとうございました」と報告の電話をさしあげると、中村さんは葬儀にかけつけてくださった。私はこのときはじめて中村さんにお会いした。父と中村さんの交流がどのようなものだったのか、残念ながら私は知らない。が、あれだけ長い期間取材でお会いしていたのだから、きっと通うものがあったのだと思う。葬儀には鶴見さんもかけつけてくださった。

いまはその中村さんも、鶴見さんもいない。みなさんお浄土に行ってしまわれ、『土曜日』を語る人はいなくなった。

しかし、こうして本にまとめることで、父たちのやってきたことが後世に伝わることになる。息子として、これ以上ありがたく、うれしいことはない。

斎藤雷太郎さん。1983年、80歳

口伝《くでん》のあとさき——あとがきにかえて

西川祐子

本書の著者である中村勝は、一九三六年から三七年にかけて刊行された週刊新聞『土曜日』の発行人の伝記を、『土曜日』発行の四十七年後である一九八四年に『京都新聞』に連載した。連載全九十九回は「枯れぬ雑草　斎藤雷太郎と『土曜日』」と題されていた。そのさらに三十五年後の二〇一九年に、かつての新聞連載は『キネマ／新聞／カフェー——大部屋俳優・斎藤雷太郎と『土曜日』の時代』と題した本書に姿をかえて再生する。

新しいタイトルは何を語ろうとするのか。映画俳優であった斎藤雷太郎は銀幕からとびだす活人画のような大活躍をして『土曜日』という新聞を発行、京都市内の喫茶店ネットワークに沿って配布、都市の同時空間を生きる人と人の間をつないだのであった。読者がつくる新聞を、という斎藤雷太郎の発信を中村勝は五十年後に受信した。中村勝はメディアの初心ともいうべき斎藤雷太郎のメッセージを、『京都新聞』というマスメディアを通して、同時代の人々へ伝えた。タイトルの真ん中にある「新聞」は、媒体、そしてメディアであって、人と人をつなぐコミュニケーション手段なのだ。

他方、連載時のタイトルであった「枯れぬ雑草」は、予言的、詩的であった。雑草は、土に根をはると同時に胞子になって、あるいは綿毛にぶらさがる種子となって遠くまで飛び、ひろがってゆく。

連載時のタイトルについての実証的研究は、井上史の解題にくわしい。わたしはそれとは別に、「枯れぬ雑草」というタイトルは中村勝の詩心からうまれた本歌取りではないかと思う。本歌は複数あるかもしれないし、本歌の本歌があるかもしれない。言葉はそのようにして受け継がれる。最近のことだが、わたしは古い小説の中で、次の詩に出会った。高見順の「草のいのちを」（一九四六年）にある三聯の定型詩的な歌である。

われは草なり
伸びんとす
伸びられるとき
伸びんとす
伸びられぬ日は
伸びぬなり
伸びられる日は
伸びるなり

われは草なり
緑なり
全身すべて
緑なり
毎年かはらず
緑なり
緑の己れに
あきぬなり
われは草なり
緑なり
緑の深きを
願ふなり

ああ生きる日の
美しき
ああ生きる日の
楽しさよ
われは草なり
生きんとす
草のいのちを
生きんとす

〔『高見順全集』第一〇巻、勁草書房、一九七一年、三四二頁〕

敗戦後二年目に発表された高見順の短編小説のなかでは、「僕はもう、一度死んだ身体だ」「だからもうじき死にますよ」と自暴自棄にわめき、暴れつづける友人の弟「特攻隊の復員兵」にむかって小説の主人公、たぶんに高見順その人である人物が歌いかける。「いま死ぬのでなく、来年の春まで、――若草の萌え出る時まで、まあ待つんだな」というセリフもある。「若草の萌え出る時」は作家高見順の書く言葉としては陳腐である。「枯れぬ雑草」もまた紋切り型である。にもかかわらず、日本列島だけでなく地球全体を暗雲がおおった大戦後の廃墟、焼け跡のなか、あるいはさらなる危機の予想におびえる現状のなかに置いたとき、陳腐な言葉と紋切り型表現が新しい内容を補塡されて切実に生きかえる。わたしは高見順の詩の第一聯にある「伸びられぬ日は　伸びぬなり　伸びられる日は伸びるなり」という暗い時代にたいする雑草の抵抗姿勢に心うたれる。高見順は戦前、戦中、戦後を生きぬいた文学者であった。中村勝がこの歌を覚えていたかどうか、わたしは知らない。しかし自分の連載をまずは「枯れぬ雑草」と題したのだから、彼もまた「草のいのちを」信じる人であり、多くの草を育てる人であった。

二〇一八年十二月三日、本書の「序」を書いている永澄憲史、「解題」を執筆している井上史、そして「あとがき」をしたためているわたし西川祐子の三人は、JR東海道線京都駅のひとつ東、山科駅前で待ちあわせをした。駅前広場からタクシーに同乗して本書の著者である中村勝を、介護サービス付高齢者向け住宅に見舞う予定であった。中村勝はその約一年前から、かつて『京都新聞』に連載した「枯れぬ雑草」を書き直し、単行本として出版することをこころざし、連載をよみかえしていたが、年末にむかうにつれ体力が減退して自分自身で編集作業を行うことが困難になったと訴えていた。

わたしたち三人は著者に出版の意思をたしかめ、実現手段をともに考える助っ人になりたいと願い、出版企画書の執筆、連載記事を一回分ずつカード化する、新聞記事をワードで入力してデータ化し編集作業を容易にするなどの具体的な支援を申し出ようとしていた。京都新聞社の後輩記者として中村勝と同じ職場で働いた永澄。斎藤雷太郎が発行した新聞『土曜日』について考える研究会に中村勝を招いた近現代史研究家の井上。京都新聞の文化欄や連載小説欄の担当記者中村勝から文章の書き方や調査方法を学んだ西川。年齢も経歴もことなる三人の初顔合わせの日であった。

ところがその前日、中村勝から西川へ緊急連絡の電話が入った。病状が悪化したにつき、急遽、専門病院に検査入院することになった、自分はもう編集作業に復帰はできないと思う、出版計画はすべてあなた達におまかせする、ただしこの計画のために無理をすることがないよう、永澄、井上の両氏にもくれぐれも無理をしないよう伝えてくださいい、という電話であった。

十二月三日は気温が急に下がった日であった。待ちあわせをした三人はとにかく寒気をさけて室内で話すために近くの百貨店の食堂に入った。西川は永澄、井上両氏に中村勝からの言葉をそのまま伝えた。そのことを互いに口にするまでもなく、三人は事態が急変し、作業をいそがねばならないことを理解した。中村勝はバトンを受け取れと言うのでなく、中村さんらしくみんなを気遣い、書くという使命をそっと地面に置こうとしている。だからこそ彼の意思をすくいとり、これからは中村勝がする作業のサポートではなく、中村勝がするはずであった作業をわたしたちが行い、間に合わせたいと思った。それぞれが自分のできることをしよう。分担はおのずからきまり、次に集まる日をきめて別れた。結果だけでなく経過を丁寧にだいじにしようと言ったのは永澄であった。

すでに予定していた作業の他に連載当時を記憶する人たちへのインタビュー、現在の読者のために連載当時の記事に注をつけるための資料集め、中村勝にゆかりのある出版社に出版の可能性について問い合わせるなどの作業は正月休みを利用して行った。もっとも若い井上の仕事量が多かった。その間も京都新聞社における中村記者のかつての同僚、先輩、なかでも河村吉宏・河村彰子夫妻からは、わたしたちを心配させないため押さえた調子ながら、中村さんの病状が楽観を許さないものであることが告げられた。前もって心の準備をさせられていたのにもかかわらず、二〇一九年一月十日、中村勝、入院先の病院において死すという知らせは衝撃的であった。中村さんは本の刊行をみないで逝かれた。間に合わなかったことがくやしかった。

中村勝は亡くなったが、彼の言葉を現代に生き返らせることならできるはずだと気をとりなおすことができたのは、仲間と共にいたおかげだった。ここで出版企画をもういちどつくりなおした。著者自身が手をいれることができない以上、全体の書き直しはできなくなった。そのことは逆に新聞連載という仕組みから生じる不可逆的な進行、にもかかわらず乱入してくる偶然の出来事、連載の中断、仕切り直しの後なおもふえつづける読者からの投書、介入などをそのまま提示する編集は可能か、という問題ととりくむ結果になった。新鮮なこころみであった。

それまでは出版の可能性の問い合わせを一社ずつ行い、回答を待っては次の出版社へ問い合わせをしていた。その都度、自分は内容からみてぜひ出版したいと思ったが編集会議では通らず非常に残念だったと言い、もう他人事であるはずにもかかわらず、この点を工夫してはどうかという具体的で丁寧な忠告をつぎつぎといただいた。思いがけないことであり、心からありがたかった。企画書を第九バージョンまで書き直したとき、永澄の提案で、これまでのように関西一円というのでなく、限った数ながら全国の出版社へ企画書の一斉発信を行った。最初に手をあげてくださったのが、図書出版ヘウレーカであった。それから半年、もともとはその都度口をだし、手をだし、踵をすりへらして歩いた者たちが協力して書いた素朴な原稿の束が、練達の士である編集者森本直樹さんの錬金術によって洗練された一冊の書籍となった。

長いような短いような、不思議に充実した途中経過であった。サポートしてくださったすべての方々と未来の読者に感謝の気持ちを伝えたいのだが、その言葉が容易にみつからない。最初にのべたように、この本の時間層は戦前戦中と、戦後と、そして現在の三層であり、その重層を斎藤雷太郎の生涯を描いた中村勝の人生という時間軸が貫いている。細部こそがこの本の生命であり、斎藤雷太郎のご長男夫妻である斎藤嘉夫さんと斎藤暢子さん、中村勝のご長女夫妻である山崎光さんと山崎晶さん、そしてご友人大勢から寄せられた暖かい励ましのたまものである。本書はもともと斎藤雷太郎から中村勝への口伝《くでん》あるいはそれを書きとめた口伝書であったのだから、新しい読者のもとへは口コミ、手渡し的な対話をひきおこしながら届けられ、伝えられることを願う。では、読書の後、ふたたび行き別れても、またどこかできっと会いましょう。感謝。

著者紹介
中村　勝（なかむら・まさる）
1940年、山口県周防大島生まれ。同志社大学経済学部卒業後、63年に京都新聞入社。主に文化部畑を歩み、94年に編集委員に。「枯れぬ雑草　斎藤雷太郎と『土曜日』」、「京都いきあたりばったり　甲斐扶佐義・写真館」などの長期連載を手掛けた。著書に『京都みちくさの景色』（京都新聞社）、『ほんやら洞と歩く――京都いきあたりばったり』（淡交社）など。2019年1月10日、78歳で死去。

編者紹介
井上　史（いのうえ・ふみ）
1957年、京都市生まれ。同志社大学大学院文学部文学研究科修了。新聞社、編集プロダクション勤務の後、生協運動史編纂などに従事。共編著『与謝野晶子を学ぶ人のために』（世界思想社）、『大学の協同を紡ぐ　京都の大学生協』（コープ出版）、『能勢克男における“協同”』（同志社大学人文科学研究所研究叢書43）など。

キネマ／新聞／カフェー
大部屋俳優・斎藤雷太郎と『土曜日』の時代

2019年12月12日　初版第1刷発行

著　者　中村　勝
編　者　井上　史

発行者　大野祐子
発行所　合同会社 ヘウレーカ
http://heureka-books.com
〒180-0002　東京都武蔵野市吉祥寺東町 2-43-11
TEL : 0422-77-4368
FAX : 0422-77-4368

装　幀　末吉　亮（図工ファイブ）

印刷・製本　精文堂印刷株式会社

ISBN 978-4-909753-06-9　C 0036
落丁・乱丁本はお取り替えいたします。定価はカバーに表示してあります。